TEDESCO IN 5 MINUTI
Mettere alla prova le proprie abilità non è mai stato così semplice

Socio Unico Giangiacomo Feltrinelli Editore srl
Via Andegari, 6 - 20121 Milano
info@gribaudo.it - www.gribaudo.it

Testi: Alessandra Stucchi, Claudia Vella (Girls4Teaching)
Editing e impaginazione: Oltrepagina (VR)
Immagini: Adobe Stock, tranne pp. 6, 8, 11, 12, 13, 14, 15, 18, 20, 21, 25, 27, 29, 31, 35, 41, 42, 43, 45, 46, 47, 48, 54, 55, 56, 57, 62, 65, 70, 71, 72, 73, 74, 75, 109, 122, 123, 124, 126, 127, 128, 129, 133, 134, 135, 138, 139, 141, 143, 145, 149, 150, 151, 152, 153, 154, 157, 158, 159, 160, 165, 177, (Shutterstock Images); Stefania Colnaghi (p. 89)

Responsabile iniziative speciali: Massimo Pellegrino
Responsabile di produzione: Franco Busti
Responsabile di redazione: Laura Rapelli
Responsabile grafico: Meri Salvadori
Fotolito e prestampa: Federico Cavallon, Fabio Compri
Segreteria di redazione: Emanuela Costantini

FSC
www.fsc.org
MISTO
Carta da fonti gestite in maniera responsabile
FSC® C101934

Stampa e confezione: Grafiche Busti srl, Colognola ai Colli (VR), azienda certificata FSC®-COC con codice CQ-COC-000104

Prima edizione: 2018 [6(F)] 978-88-580-2160-6

TEDESCO IN 5 minuti

METTERE ALLA PROVA LE PROPRIE ABILITÀ
NON È MAI STATO COSÌ SEMPLICE

GRIBAUDO

Siete tra quelli che vedono ancora il tedesco come una lingua impossibile da imparare, ostile e fastidiosa da ascoltare?

Tedesco in 5 minuti è il libro giusto per voi! Vi condurrà per mano a scoprire il lato più divertente, inaspettato e affascinante della lingua e della cultura tedesche, offrendovi spunti di grammatica e curiosità, espressioni spassose e personaggi unici, ricette teutoniche e proverbi. Potrete inoltre mettere alla prova le vostre conoscenze con quiz e cruciverba.

Non vi annoierete perché per ogni tema vi basteranno, appunto, 5 minuti.

E allora, cosa aspettate? *Auf die Plätze, fertig, los!*

NOTA PER IL LETTORE

Le soluzioni e le traduzioni degli esercizi sono riportate in fondo al libro.

KENNEN WIR UNS?

Quando ci si presenta a una persona in lingua straniera è normale voler fare subito bella figura utilizzando le espressioni giuste per sentirsi a proprio agio durante la conversazione.
Ecco qualche formula da usare in contesti informali.

– *Hallo, ich bin Laura. Und du?*
– *Hi, ich heiße Eva. Schön, dich kennen zu lernen!*

  – Ciao, io sono Laura. E tu?
  – Ciao, io mi chiamo Eva. Piacere di conoscerti!

– *Haben wir uns eigentlich schon getroffen?*
– *Nein, aber ich glaube wir haben uns in der Uni schon mal gesehen...*

  – Ci siamo già incontrati, per caso?
  – No, ma penso che ci siamo già visti in giro all'università.

– *Und woher kennst du Peter?*
– *Ich bin ein Arbeitskollege von ihm, wir kennen uns schon seit Jahren!*

– E come mai conosci Peter?
– Sono un suo collega di lavoro, ci conosciamo da anni, ormai.

PER EVITARE GAFFE:

- quando ci si incontra per la prima volta ci si dà la mano (il bacio sulla guancia non è contemplato!); con gli amici ci si scambia un abbraccio;
- l'italianissimo "ciao" in tedesco si può scrivere anche *tschau* e viene utilizzato solo quando si va via (in alternativa a *tschüss*) e non quando si arriva!

WIE SAGT MAN AUF DEUTSCH?
TIERE

Anche i cani tedeschi fanno *bau*? Non proprio: l'onomatopea tedesca per indicare il verso del cane è *wau*! Il gallo fa *kikeriki*, la rana *quaak* e l'elefante *törö*. Naturalmente, ogni verso ha il proprio verbo. Pensate di conoscerli? Provate ad associare gli animali raffigurati qui sotto con i versi elencati nella pagina a fronte.

GRUNZT MUHT MIAUT

PIEPST WIEHERT

BELLT GIRRT SUMMT

BRÜLLT HEULT

Alcuni nomi di animali sono *user-friendly*, poiché rimandano a caratteristiche specifiche:

- la puzzola = *das Stinktier* («animale che puzza»);
- il bradipo = *das Faultier* («animale pigro»);
- il calamaro = *der Tintenfisch* («pesce con l'inchiostro»);
- la tartaruga = *die Schildkröte* («rospo con la corazza»).

Altri sono piuttosto fantasiosi:

- il porcellino d'India = *das Meerschweinchen* («maialino di mare»);
- lo scoiattolo = *das Eichhörnchen* («piccolo corno di quercia»);
- l'ippopotamo = *das Nilpferd* / *das Flusspferd* («cavallo del Nilo» / «cavallo di fiume»).

Questi sono solo alcuni esempi: per scoprirne di nuovi vi basterà fare un giro in uno degli oltre trecento zoo (o *Tierpark*) sparsi sul territorio tedesco, quasi la metà di tutti quelli presenti sul suolo europeo!

UNÜBERSETZBARE WÖRTER

Chi ha detto che il tedesco è una lingua secca, fredda e poco poetica? Esistono singole parole in grado di racchiudere vere e proprie visioni del mondo. Eccone alcune.

FERNWEH È la nostalgia di posti lontani, il desiderio che vi attira verso luoghi sconosciuti e mai visti.

SCHADENFREUDE Gioire per il male di qualcun altro… esatto, essere felici perché il vostro ex ha bucato una gomma.

FREMDSCHÄMEN La vergogna per uno sconosciuto. Come quando all'esame di storia sentite il compagno di corso che non conosce il motto della Rivoluzione Francese e vi sentite in imbarazzo per lui.

ZWEISAMKEIT

Se *Einsamkeit* significa «solitudine», *Zweisamkeit* significa «essere da soli in due», ovvero la perfetta armonia di coppia che vi fa sentire una cosa unica.

LEITMOTIV

Il motivo guida. Sicuramente è una parola che avete usato mille volte in italiano, senza pensare al suo significato: è il tema più ricorrente in un libro, un brano musicale o un film.

DOPPELGÄNGER

Termine ricorrente nell'arte e nella letteratura; è il sosia, l'altro, la parte nascosta che si cela dietro ogni persona. Insomma: il Mr Hyde di ogni Doctor Jekyll tedesco!

VORFREUDE

Avete presente la gioia che si prova prima di un grande evento? La tensione emotiva prima del concerto del vostro cantante preferito, i momenti precedenti all'inizio che vi fanno già assaporare la felicità che proverete... ecco, quella è la «pre-gioia», *Vorfreude*.

UNGLAUBLICHES ÜBER...

BERLIN

Ecco dieci curiosità sulla capitale tedesca che vi lasceranno a bocca aperta!

- Berlino è quasi nove volte più grande di Parigi!

- La *Berliner Weiße*, come il nome suggerisce, è la birra tipica di Berlino: a base di frumento e con una gradazione alcolica bassa, ha un gusto acidulo e per questo è spesso accompagnata da sciroppo di lampone (*Himbeersirup*) o asperula (*Waldmeistersirup*). Per provare la versione colorata, chiedete una *Weißbier mit Schuss*.

- Tra gli abitanti di Berlino, solo una persona su quattro è nata e cresciuta in città: una capitale davvero *Multikulti*!

- Ogni giorno, più di 400 persone si trasferiscono a Berlino e ogni ora circa 15 persone stanno facendo un trasloco: una città sempre in movimento.

- A Berlino si trova la galleria d'arte all'aperto più estesa del mondo, la East Side Gallery, che raccoglie i murales di oltre cento artisti provenienti da ogni parte del pianeta.

- Ogni giorno vengono consumate circa 60 tonnellate di *Döner Kebab*, il concorrente turco del berlinese *Currywurst*.

- Le linee di *S-Bahn* e *U-Bahn* contano in tutto oltre 450 km: se li unite ai 120 km di tram in superficie, ecco la rete di trasporti pubblici più impressionante del mondo e la più estesa in Europa (sì, più di Londra e Parigi).

- Più del 40% della superficie della città è ricoperta da parchi e zone verdi: i berlinesi amano trascorrere il proprio tempo libero all'aria aperta.

- Si dice che Berlino abbia più musei che giorni di pioggia... i luoghi di cultura sono addirittura 200.

- La *Berliner Fernsehturm* (la celebre torre della televisione in Alexanderplatz, simbolo della capitale tedesca) è alta 368 metri: il monumento più alto della Germania e uno dei più alti in Europa.

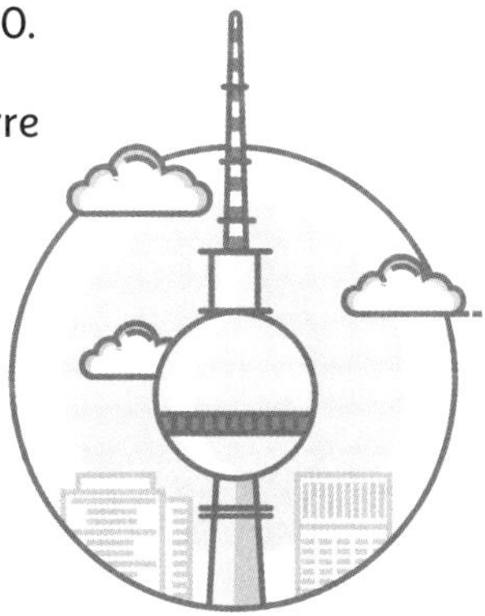

"STACCATO" SPRECHEN: DAS IST DER TRICK

La lingua tedesca non è certo nota per la sua melodiosità. Se provate ad ascoltare con attenzione un tedesco noterete che i suoni non si susseguono in maniera fluida ma che, all'interno di una frase, sono presenti molte pause brevi, come se l'interlocutore trattenesse il respiro tra una parola e l'altra.

Ich esse einen Apfel.

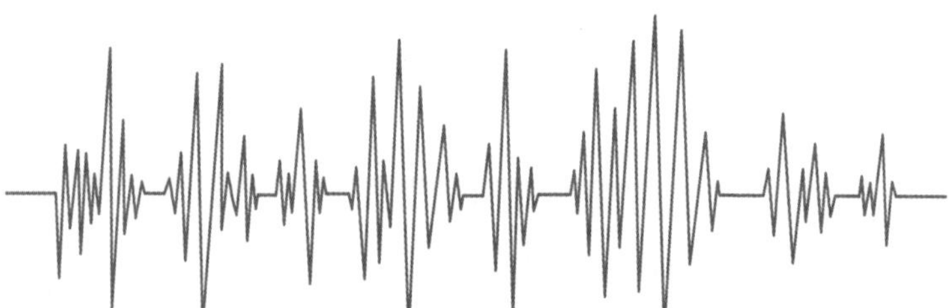

Al contrario l'italiano o l'inglese, così come molte altre lingue, presentano molta più melodiosità poiché le parole vengono pronunciate come se fossero un unico susseguirsi di suoni concatenati fra loro.

Mangio una mela

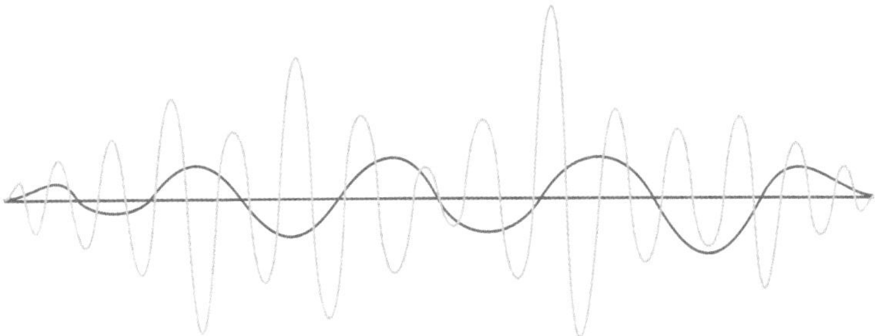

Volendo definire questi due tipi di parlate, ci vengono in aiuto due termini del mondo musicale: "staccato" e "legato". Provate quindi a parlare più "staccato" quando pronunciate frasi in tedesco e vedrete che suonerete subito più credibili!

RUND UM DEN SATZ
DIE UNREGELMÄSSIGEN VERBEN

Ecco alcuni esercizi per allenarsi con i verbi irregolari tedeschi!

1. Collega ogni verbo alla sua forma del *Präteritum*.

1) lassen	*a) lief*
2) gehen	*b) ging*
3) tragen	*c) gab*
4) werfen	*d) trug*
5) laufen	*e) tat*
6) sein	*f) warf*
7) geben	*g) ließ*
8) tun	*h) war*

2. Riesci a trovare l'intruso?

a. *schreiben – schreinern – schreien – schreiten*
b. *betrügen – bergen – beginnen – befehlen*
c. *essen – gleiten – trinken – kauen*
d. *verloren – vergessen – verzeihen – verabreden*

3. Scrivi almeno un verbo che si comporta come:

a. *bleiben – blieb – geblieben:* ....

b. *finden – fand – gefunden:* ....

c. *helfen – half – geholfen:* ....

d. *ziehen – zog – gezogen:* ....

e. *lesen – las – gelesen:* ....

4. Completa la frase con l'opzione corretta.

a. *Wir haben einen Film* ....*.*
☐ *gesehen* ☐ *gesahen* ☐ *geseht*

b. *Als ich ein Kind war,* .... *ich beim Skifahren.*
☐ *fallte* ☐ *fällte* ☐ *fiel*

c. *Max hat Lisa um ein romantisches Date* ....*.*
☐ *gebittet* ☐ *gebeten* ☐ *gebaten*

d. *Er fühlt sich jetzt* ....*.*
☐ *gezwungen* ☐ *gezwangen* ☐ *gezwongen*

HEUTE KOCHT OMA

SPÄTZLE

Se vi piace provare sapori nuovi e di altre culture avrete sicuramente assaggiato gli *Spätzle*: gnocchetti allungati e irregolari che si possono trovare anche in Italia, principalmente in Alto Adige (*Südtirol*). Il loro nome significa «passerotti» ed è dovuto sia alla loro forma che alla tradizione di accompagnarli a volatili di cacciagione. Ecco qui i pochi passaggi per provare a cucinare questa semplice ricetta vecchia di quasi trecento anni.

Zutaten

500 g Mehl, 5 Eier, 150-200 ml Wasser, Salz

Zubereitung

Preparate l'impasto (*Teig*) unendo uova, sale e farina. Aggiungete l'acqua pian piano.

Portate a ebollizione abbondante acqua in una pentola. A questo punto avrete a disposizione diversi modi per creare gli *Spätzle* e lasciarli cadere nella pentola di acqua bollente:

- farli scivolare con un coltello da un apposito tagliere (*Holzbrett*), secondo la tradizione sveva (Baviera occidentale);
- utilizzare uno speciale schiacciapatate (*Kartoffelpresse*) con fori più grandi o irregolari;
- inserire l'impasto nella cosiddetta "pialla da *Spätzle*" (*Spätzlehobel*), in cui l'impasto viene fatto slittare sui fori dell'utensile per creare gli gnocchetti;
- utilizzare un apposito setaccio (*Spätzlesieb*), su cui l'impasto viene premuto grazie a una paletta.

Dopo aver fatto cuocere gli *Spätzle* per pochi minuti nell'acqua bollente potrete scolarli e servirli con formaggio, burro a volontà, speck, funghi o altro ancora...

Guten Appetit!

WIE SAGT MAN AUF DEUTSCH?
KALENDER

Giorni della settimana, mesi, stagioni… Ve li ricordate tutti? Mettetevi alla prova inserendo nella tabella che vedete nella pagina a fronte i nomi riportati qui sotto nell'ordine corretto (partendo da lunedì, gennaio e primavera).

APRIL FREITAG OKTOBER
JULI SOMMER MAI HERBST
FEBRUAR
DIENSTAG
DEZEMBER SAMSTAG
AUGUST
MONTAG JUNI
SEPTEMBER WINTER FRÜHLING
JANUAR MÄRZ DONNERSTAG
SONNTAG NOVEMBER MITTWOCH

Wochentage	Monate	Jahreszeiten

Deutschland Quiz

Kennt Ihr die Bundesländer Deutschlands?

Sì, perché quelle che molti di voi chiamano "regioni" sono in realtà *Länder*, ossia veri e propri Stati. La Germania è una Repubblica Federale Parlamentare. Ciò significa che ogni *Land* ha un proprio governo e gode di una certa autonomia in ambiti come l'istruzione, la tutela del paesaggio e l'amministrazione interna, attenendosi a regole generali per l'economia e la difesa. Scoprite qualcosa di più sugli Stati Federali tedeschi...

1. Quanti sono i *Länder* tedeschi?

a. 9
b. 12
c. 16

2. Qual è la capitale del Baden-Württemberg?

a. München (Monaco)
b. Stuttgart (Stoccarda)
c. Berlin (Berlino)

3. In quale *Land* si trova Frankfurt (Francoforte)?

a. Hessen (Assia)
b. Sachsen (Sassonia)
c. Thüringen (Turingia)

4. Qual è il *Land* più esteso?

a. Baden-Württemberg
b. Bayern (Baviera)
c. Niedersachsen (Bassa Sassonia)

5. Quali sono le tre città-stato autonome?

a. Berlin (Berlino), Frankfurt (Francoforte), München (Monaco)
b. Berlin (Berlino), Hamburg (Amburgo), Dresden (Dresda)
c. Berlin (Berlino), Hamburg (Amburgo), Bremen (Brema)

Be', ora non vi resta che visitarli tutti! *Gute Reise!*

ANDERE LÄNDER, ANDERE... SPRÜCHE!

DEUTSCHE SPRÜCHE UND REDEWENDUNGEN

Conoscete i modi di dire tedeschi? Provate a collegarli al loro corrispettivo italiano.

1. *Der Apfel fällt nicht weit vom Stamm.*
2. *Einem geschenkten Gaul schaut man nicht ins Maul.*
3. *Hals- und Beinbruch*
4. *Alles ist gut, wenn das Ende gut ist.*
5. *Wer nicht wagt, der nicht gewinnt.*
6. *Alle Wege führen nach Rom.*
7. *Geteiltes Leid ist halbes Leid.*
8. *Morgenstund hat Gold im Mund.*
9. *Zeit ist Geld.*

a. Tutte le strade portano a Roma.
b. Il tempo è denaro.
c. Il mattino ha l'oro in bocca.
d. La mela non cade lontano dall'albero.
e. A caval donato non si guarda in bocca.
f. In bocca al lupo.
g. Tutto è bene quel che finisce bene.
h. Chi non risica non rosica.
i. Mal comune, mezzo gaudio.

Ci sono poi dei modi di dire che invece non troverete in italiano... sapete spiegare cosa significano?

1. **Aller Anfang ist schwer.**

....

2. **Der Fisch stinkt vom Kopf her.**

....

3. **Ein gutes Gewissen ist ein sanftes Ruhekissen.**

....

4. **Das Leben ist kein Ponyhof.**

....

5. **Ohne Fleiß kein Preis!**

....

SEIN ODER HABEN?

Per coniugare i verbi al passato prossimo (*Perfekt*) ci serviamo dell'ausiliare *sein* (essere) quando si tratta di verbi di stato o di moto (andare, venire, rimanere...) mentre utilizziamo *haben* (avere) in tutti gli altri casi. Quando questa regola non vi aiuta potete ragionare sulla traduzione italiana: nella maggioranza dei casi sarà la scelta corretta!

Attenzione però:

- si usa *haben* con i verbi riflessivi:

  Ich habe mich verliebt.
  Mi sono innamorato.

- si usa *haben* anche con alcuni verbi che in italiano richiederebbero l'ausiliare essere: *anfangen*, *beginnen*, *dauern*, *zunehmen*, *abnehmen*, *aufhören*.

Pronti per mettervi alla prova? Completate le seguenti frasi con gli ausiliari *haben* o *sein* correttamente coniugati.

1. Gestern .... wir einen tollen Film gesehen.
2. .... ihr noch lange geblieben?
3. Ich .... noch nie nach Neapel geflogen.
4. .... du dich schon umgezogen?
5. Sie .... ihren Mann im Urlaub kennen gelernt.
6. Sie .... immer zwei Hunde gehabt.
7. .... ich zu spät angekommen?
8. Tobias .... in letzter Zeit viel abgenommen.
9. Wir .... gestern ins Kino gefahren.
10. Was .... ihr auf der Party gegessen?

Einkaufen gehen

ALLES IM GRIFF?

Sì, parliamo proprio di come fare la spesa in Germania! Per cominciare, vediamo se riuscite a trovare qui di seguito i nomi dei supermercati (*Supermarkt*) più diffusi: con il primo vi diamo una mano noi!

NBMHGKLSETI**NETTO**ZAQPOLMI
BUHNREWEHCOVORIJIBIALDISIV
ZIPQMESYTAKEDEKAGRADAFATA
VUWEDSNORMAUEMSINARAZA
TOPIFLIDLRASACUTLPENNYZARW
MUCAJISVERXGLOBUSTFSEOPERE
ALVOUYSHJMXUNITIVAKAUFLAN
DRAZITOLBENIKOPRAWICK

Ecco qualche regola da tenere presente in un supermercato tedesco.

Frutta e verdura vanno inserite nel sacchetto di plastica senza pesarle: di questo si occuperanno le cassiere! Comodo, vero?

Ogni supermercato ha a disposizione un macchinario che raccoglie lattine e bottiglie di vetro e plastica in cambio di un piccolo risarcimento in denaro (*Pfand*): ricordatevi di conservarle, così farete del bene al pianeta... e al vostro portafoglio!

Tutti i supermercati (così come tutte le attività commerciali al di fuori della ristorazione) sono chiusi la domenica! Avrete quindi una giornata intera da dedicare ai vostri cari: la spesa dovrà aspettare.

Incerti su come rispondere alle domande della cassiera? Ripassiamo alcune espressioni utili.

VERKÄUFERIN: *Brauchen Sie eine Tüte?*
KUNDE: *Ja, zwei, bitte. / Nein, danke.*

KUNDE: *Kann ich mit Kreditkarte bezahlen?*
VERKÄUFERIN: *Ja, klar. / Tut mir Leid, wir akzeptieren nur Bargeld und EC-Karte.*

VERKÄUFERIN: *Brauchen Sie den Kassenzettel?*
KUNDE: *Ja, bitte. / Nein, danke, den brauche ich nicht.*

Esatto, in Germania (e in Austria) non è obbligatorio ritirare lo scontrino alla fine della spesa.
Capito tutto? E allora... *viel Spaß beim Einkaufen!*

Wie Spät ist es?

ALLES IM GRIFF?

Seguite questi semplici trucchi per non arrivare mai in ritardo!

- Quando i minuti sono tra lo zero e il 30 si usa *nach*:

  21.10 → *Es ist zehn nach neun.*

- Quando i minuti sono successivi al 30 si usa *vor*:

  19.40 → *Es ist zwanzig vor acht.*

- Il quarto d'ora si traduce con *viertel*, che può essere *vor* o *nach*.

  6.15 → *Es ist viertel nach sechs.*
  12.45 → *Es ist viertel vor eins.*

- E per indicare la mezz'ora? Si utilizza *halb*, che significa «metà», ma attenzione, si parla della metà dell'ora che sta per arrivare: non "le quattro e mezza" ma "mezz'ora alle cinque", *halb fünf.*

  9.30 → *Es ist halb zehn.*

- Quando l'ora è esatta – e lo deve essere, con i tedeschi! – non occorre aggiungere nulla.

  10.00 → *Es ist zehn (Uhr).*

- Per un orario preciso, come quello di un treno, basta leggere i numeri (come in italiano):

  07.39 → *Es ist sieben Uhr neununddreißig.*

- La preposizione che precede l'indicazione di un'ora è *um*, mentre per un'indicazione non troppo precisa si usa *gegen*.

  Wir treffen uns um 15.20 (Ci troviamo alle 15.20).
  Uhm, sagen wir gegen 15.30 (Uhm, diciamo verso le 15.30).

- Attenzione alla differenza tra *Uhr* e *Stunde*:

  Es ist 5 Uhr (Sono le 5) → indicazione dell'ora.
  Die Prüfung dauert 3 Stunden (La prova dura 3 ore) → unità temporale.

CHE ORE SONO?

a. *Es ist dreiviertel 6.*	☐ 6.15	☐ 17.45	☐ 6.45
b. *Es ist viertel vor zwei.*	☐ 13.15	☐ 02.15	☐ 13.45
c. *Es ist fünf nach vier.*	☐ 16.05	☐ 05.04	☐ 15.55
d. *Es ist halb zwölf.*	☐ 00.12	☐ 11.30	☐ 12.30
e. *Es ist drei Uhr zwanzig.*	☐ 15.20	☐ 13.20	☐ 14.40

WIE SAGT MAN AUF DEUTSCH?

BERUFE

Cimentatevi con questo cruciverba per ripassare i nomi delle professioni in tedesco.

WAAGERECHT

4. Sie arbeitet in der Schule.
5. Sie arbeitet im Restaurant.
8. Er arbeitet in der Kantine.
9. Sie arbeitet im Büro.
10. Er arbeitet am Computer.
12. Sie arbeitet im Supermarkt.
13. Er arbeitet im Krankenhaus.

SENKRECHT

1. Er arbeitet in der Bäckerei
2. Sie arbeitet in der Bank.
3. Er arbeitet im Flugzeug.
6. Sie arbeitet im Kindergarten.
7. Er arbeitet im Theater und für das Fernsehen.
9. Er arbeitet in der Werkstatt und mit Holz.
11. Er arbeitet auf dem Land.

1
2
3
4
5
6
7
8
9
10
11
12
13

HEUTE KOCHT OMA

SALAT-DRESSING

Se c'è una cosa che non può mai mancare in un pasto tedesco è l'insalata (*Salat*), che accompagna il piatto principale (*Hauptspeise*):

- in casa viene sempre servita in tavola una grande terrina da cui attingere insalata durante il pasto;
- al ristorante non importa cosa ordinate: tutto, primo, secondo o piatto unico, vi verrà servito con un'insalata;
- in ogni albergo che si rispetti è presente un ricco buffet per l'insalata.

Se con gli ingredienti dell'insalata potete sbizzarrirvi (insalata di vario tipo, cetrioli, carote, pomodori, mais, barbabietole...), per quanto riguarda il condimento (*Salatdressing*) ci sono delle regole precise.
Scordatevi il pizzico di sale e il filo d'olio!

Ecco come si prepara un condimento per l'insalata in Germania secondo le due ricette classiche.

Vinaigrette (Essig-Öl-Dressing)

- *4 Esslöffel (EL) Öl* (4 cucchiai di olio)
- *3 EL Essig* (3 cucchiai di aceto)
- *Salz* (sale)
- *Pfeffer* (pepe)
- *1 Prise Zucker* (1 presa di zucchero)

Joghurtdressing

- *150 g Vollmilch-Joghurt* (150 g di yogurt intero)
- *3 EL Weißwein-Essig* (3 cucchiai di aceto di vino bianco)
- *3 EL Öl (zum Beispiel Sonnenblumenöl)* (3 cucchiai di olio, per esempio di semi di girasole)
- *1-2 Teelöffel (TL) Senf* (1-2 cucchiaini di senape)
- *1 Prise Salz* (1 presa di sale)
- *1 Prise Zucker* (1 presa di zucchero)

Per entrambe le ricette è sufficiente unire tutti gli ingredienti e mescolare energicamente.
Vi sono poi ulteriori versioni che prevedono l'aggiunta di ingredienti extra: lasciatevi trasportare dalla fantasia!

Guten Appetit!

RUND UM DEN SATZ
DIE STELLUNG DER PERSONALPRONOMEN

Le frasi tedesche vi mettono in crisi? Lasciatevi guidare da questo breve "manuale d'uso" per posizionare correttamente i pronomi.

I pronomi personali precedono tutti gli altri complementi:

*Kannst du **mir** bitte die Email von gestern noch einmal schicken?*
Puoi rimandarmi l'e-mail di ieri, per piacere?

La gerarchia generale dei pronomi personali è nominativo – accusativo – dativo:

	NOM.		**ACC.**	**DAT.**	
	Sie	*hat*	*es*	*uns*	*geschickt.*
Gestern haben	*Wir*		*es*	*euch*	*gegeben.*
Es war sehr schön, dass	*Ihr*		*es*	*uns*	*geschenkt habt!*

Quando c'è una frase secondaria infinitiva, accusativo e dativo vanno messi subito dopo la virgola:

Ich *habe Lust,* ***es ihr*** *zu kaufen.*
Ho voglia di comprarglielo.

Cosa succede quando, oltre ai pronomi, ci sono dei nomi?

- *Sebastian hat* ***seiner Mama*** ***Blumen*** *geschenkt.* → dativo (seiner Mama) → accusativo (Blumen)

  Sebastian ha comprato fiori a sua mamma.

- *Sebastian hat* ***ihr*** ***Blumen*** *geschenkt.* → dativo (ihr) → accusativo (Blumen)

  Sebastian le ha comprato fiori.

- *Er hat* ***sie*** ***ihr*** *geschenkt.* → accusativo (sie) → dativo (ihr)

  Glieli ha regalati.

Questa volta devono invertirsi!

Dove si mettono i pronomi riflessivi? Normalmente, subito dopo il verbo coniugato:

*Ich wasche **mir** die Haare.*
Mi lavo i capelli.

*Er hat **sich** in eine andere verliebt.*
Si è innamorato di un'altra.

Quando il soggetto è dopo il verbo, il pronome riflessivo si trova...

- subito dopo il soggetto, se questo è un pronome:

  *Jetzt interessierst du **dich** auch für Politik!*
  Adesso ti interessi anche di politica!

- prima o dopo il soggetto, se non è un pronome (a seconda di quanto è lungo il soggetto!):

  *Gestern hat **sich** meine neue deutsche blonde Mitbewohnerin über die Überraschung sehr gefreut.*
  Ieri la mia nuova vicina tedesca bionda è stata felice della sorpresa.

  *Gestern hat meine Mitbewohnerin **sich** über die Überraschung sehr gefreut.*
  Ieri la mia nuova vicina è stata felice della sorpresa.

UNGLAUBLICHES ÜBER...

Die Königin Sisi

Sisi è stata una delle principesse più celebri del mondo. Come trascorreva le sue giornate alla corte degli Asburgo? Ecco alcune curiosità per conoscerla da vicino.

- Nata a Monaco di Baviera nel 1837, il suo nome completo è Elisabeth Eugenie Amalie von Wittelsbach. Soprannominata Sisi... con una sola s! Dagli anni Cinquanta si diffonde, grazie ai film con Romy Schneider (versione edulcorata della vera vita della principessa), il soprannome ben più noto Sissi.

- Icona di stile ed eleganza, era ossessionata dalla propria immagine. Il rituale del lavaggio della chioma (lunga fino alle caviglie) durava 6 ore e comprendeva anche cognac e uova! Sisi contava uno a uno i capelli caduti, e li raccoglieva su un piattino d'argento.

- Sisi mangiava pochissimo e in maniera incostante: oggi diremmo che soffriva di anoressia nervosa. Pensate che, pur essendo alta 1,70 m, arrivò a pesare meno di 45 kg; la sua vita sfiorava i 50 cm!

- Sisi è stata probabilmente una tra le prime "vip" a essere inseguite dai paparazzi e dai curiosi: per questo viaggiava in incognito e lontano dai luoghi più noti.

- Attirata da luoghi lontani e nuove culture (ricordate la *Fernweh*?), era una studentessa diligente e sapeva parlare, oltre al tedesco, l'ungherese, il francese, l'inglese; studiò anche il greco antico.

- Era un'ottima cavallerizza, la migliore del suo tempo. Passava ore a galoppare, arrivando a stancare addirittura i cavalli!

- Vicina ai bisogni del suo popolo, Sisi fondò diversi ospedali e visitò case di cura e orfanotrofi, intrattenendosi con i pazienti e facendo donazioni.

- L'Ungheria fu la sua passione, politica e personale. Nel popolo ungherese che voleva l'indipendenza dalla corona asburgica, Sisi rivedeva i propri tentativi di sottrarsi alla rigida etichetta di corte.

- Fu uccisa nel 1898 a Ginevra dall'anarchico italiano Luigi Lucheni: dalla ferita, inferta al cuore con un punteruolo, uscirono solo poche gocce di sangue.

- La principessa Diana è stata spesso avvicinata alla figura di Sisi: entrambe bellissime, attente al popolo, desiderose di libertà e appassionate di viaggi, morte in circostanze tragiche.

WIEDER WAS GELERNT!
DIE DEUTSCHE MUSIK

Anche se la musica tedesca non è tra le più amate all'estero, vi proponiamo alcune delle hit che hanno portato i rispettivi cantanti alla notorietà (più o meno) internazionale.
Provate a collegare gli estratti dei seguenti brani ai nomi dei rispettivi artisti.

1

Hast Du etwas Zeit für mich
Dann singe ich ein Lied für Dich
Von 99 Luftballons
Auf ihrem Weg zum Horizont

2

Du
Du hast
Du hast mich
Du hast mich
Du hast mich gefragt
Du hast mich gefragt
Du hast mich gefragt und ich hab
nichts gesagt

3

Atemlos durch die Nacht,
Bis ein neuer Tag erwacht
Atemlos einfach raus
Deine Augen ziehen mich aus!
Atemlos durch die Nacht
Spüre was Liebe mit uns macht

4

Und der Mensch
heißt Mensch
Weil er vergisst,
Weil er verdrängt
Und weil er schwärmt
und stählt
Weil er wärmt,
wenn er erzählt

5

"Drah' di net um, oh oh oh
Schau, schau, der Kommissar
geht um! Oh oh oh
Er wird dich anschauen
Und du weißt warum
Die Lebenslust bringt di um"
Alles klar, Herr Kommissar?

a. Helene Fischer (cantante, ballerina e presentatrice di origine russa), 2013

b. Falco (cantante e musicista austriaco), 1982

c. Nena (con 22 milioni di dischi venduti in tutto il mondo, è forse la cantante tedesca più famosa), 1983

d. Rammstein (gruppo *industrial metal* formatosi nel 1993 a Berlino), 1997

e. Herbert Grönemeyer (cantante, attore e produttore musicale), 2002

FALSCHE FREUNDE

Più che dai nemici, quando si studia una lingua bisogna guardarsi dai falsi amici!

1. *Johannes ist ein **komischer** Typ.*
   Significa che Johannes è un tipo ....

2. *Julia hatte so gute Noten in der Uni, dass sie ein **Stipendium** erhielt.*
   Che cosa significa la parola *Stipendium*?
   Aiutino: non è uno stipendio, ma ....

3. *Arzt zu werden, das war ihr größter **Traum** als Kind!*
Diventare dottore era il suo grande trauma da piccola?
O forse il suo grande ....

4. *Das Restaurant da am Domplatz ist sehr **ordinär**.*
È un ristorante dove tutto è in ordine? Cosa significa *ordinär*? ....

5. *Was könnte noch **passieren**?*
Cosa potrebbe .... ancora?

6. *Hast du schon einen **Termin** beim Arzt?*
Hai già un .... dal dottore?

7. *Ich möchte gern Pizza mit **Paprika**!*
Vorrei la pizza... speziata?
O forse con ....

WIE SAGT MAN AUF DEUTSCH?

QUIZ

Fare un po' di ginnastica non guasta mai... soprattutto se è ginnastica linguistica! Rimettete in ordine le lettere per trovare *die Lösung* (la soluzione).

1. *Die größte deutsche Insel, in der Ostsee.*
   E G N Ü R

2. *25. Dezember*
   T E I C E H W N A H N

3. *Schiller ist ein...*
   L C I T R L S T E S F E R H

4. *Schnellstraße für Autos.*
BHTUOANA

5. *Gesamtheit der Menschheit, "società" auf Deutsch.*
LESHFELCATGS

6. *Preis für die Benutzung einer Wohnung.*
ETMIE

7. *Die Hauptstadt dieses Landes ist Moskau.*
NSULDSAR

8. *Typischer Einzelfall, Muster.*
LISEBIEP

9. *Behältnis, wo man Nudeln kocht.*
OPFT

10. *Durch die... kann man Papier in zwei Teile schneiden.*
EHRSCE

ANDERE LÄNDER, ANDERE... AUTOS

VERRÜCKT NACH DEUTSCHEN AUTOS

Che i tedeschi siano un po' fissati con le automobili di lusso non è solo un luogo comune: basta fare un giro nelle grandi città per vederlo. Anche la qualità dei marchi tedeschi è di fama mondiale: la Germania è il primo Paese produttore in Europa e il terzo nel mondo, dopo Stati Uniti e Giappone! Provate a completare il testo con i marchi che vedete in fondo alla pagina, ma fate attenzione: all'interno del testo potrebbero esserci riferimenti a marchi diversi.

Audi **Volkswagen** **Porsche**

Mercedes Benz **BMW**

.... hat seinen Sitz in Zuffenhausen, in der Nähe von Stuttgart, und produziert vor allem Sportwagen. Die Firma wurde 1931 von Ferdinand .... gegründet, der durch die Entwicklung des „.............................. Käfers“ bekannt geworden war. Das Wort .... bedeutet „Auto des Volks“: Hitler hatte nämlich dem Ingenieur Ferdinand .... den Auftrag gegeben, ein kleines, praktisches und billiges Auto zu konzipieren. Das Ergebnis war der weltweit erfolgreiche „Käfer“. Heute ist .... , gegründet im Jahr 1937 in Hannover, einer der bekanntesten Kraftfahrzeughersteller der ganzen Welt und umfasst auch ...., Seat, Skoda, Bentley, Lamborghini und Bugatti.

Der deutsche Automobilhersteller Daimler-Motoren-Gesellschaft fing 1902 an, seine Autos “Mercedes” zu nennen, und als die Firma sich 1926 mit Benz&Co zusammenschloss, entstand die neue Gruppe .... Das Wappen, ein Stern mit drei Spitzen, ist weltberühmt: Die drei Spitzen stehen für die Mobilität zu Lande, zu Wasser und in der Luft. Der Sitz von Mercedes ist in Stuttgart.

.... wurde 1909 von August Horch in Zwickau (Sachsen) gegründet. Heute liegt der Firmensitz in Ingolstadt. Der Name .... ist die lateinische Übersetzung von „höre“ oder, eben, „horch“. Die Firma wurde in den 80er- Jahren von Ferdinand Piech (Enkel von Ferdinand ....) geleitet: seine Intuition des Allradantriebs brachte die Firma zum Ruhm.

München ist Sitz von ...., Akronym von Bayerische Motoren Werke. Als Die Firma 1916 entstand, produzierte sie hauptsächlich Flugzeuge. Deswegen ist das Logo ein Propeller mit den Nationalfarben von Bayern - blau und weiß.

RUND UM DEN SATZ
PRÄPOSITIONEN

Fatevi coraggio e mettetevi alla prova con questo quiz sulle preposizioni! Ricordate le preposizioni composte:

IN + DAS = **INS**	IN + DEM = **IM**
AN + DAS = **ANS**	AN + DEM = **AM**
ZU + DEM = **ZUM**	ZU + DER = **ZUR**

ESERCIZIO 1

1. .... *Jahr 2001 wurde Kathrin geboren.*
2. .... *der Zwischenzeit hat Julian ein bisschen gelesen.*
3. *Sie hat* .... *18. Juli Geburtstag.*
4. *Normalerweise schlafen wir* .... *Wochenende* .... *10 Uhr.*
5. .... *einem Monat hat Philipp ein neues Auto.*
6. .... *Beginn der Weihnachtsferien kaufen wir immer Geschenke.*

7. Das Büro schließt immer pünktlich .... 18 Uhr.

8. Hast du Lust, morgen mit uns .... Kino zu gehen?

9. Judith war voller Energie und nach der Party ist sie .... die Disko gegangen.

10. Entschuldigen Sie, wie komme ich .... Bahnhof?

ESERCIZIO 2

1. Wo schläft die Katze?
2. Wo studiert Martha Jura?
3. Wo kannst du Geld abheben?
4. Wohin geht man, um ein Bier zu trinken?
5. Wo werden Medikamente verkauft?
6. Wo raucht Michael?
7. Wann trinkst du Kaffee?
8. Wann wurde Internet erfunden?

a. Bei der Bank.
b. Am Vormittag.
c. In der Apotheke.
d. An der Universität.
e. Auf dem Balkon.
f. Auf dem Sessel.
g. Im 20. Jahrhundert.
h. In die Kneipe.

WER HAT DAS GESAGT?

Germania, patria di filosofi, poeti e grandi pensatori... sentite un po' cos'hanno da dirvi con queste famose citazioni.

Zwei Dinge sind unendlich: Das Universum und die menschliche Dummheit. Aber beim Universum bin ich mir nicht ganz sicher.

Albert Einstein (1879-1955)

Due cose sono infinite: l'universo e la stupidità umana. Ma dell'universo non sono così sicuro.

Wenn zwei Menschen immer die gleiche Meinung haben, taugen beide nichts.

Konrad Adenauer (1876-1967)

Quando due persone hanno sempre la stessa opinione, non servono a nulla.

Dummheit ist auch eine natürliche Begabung.

Wilhelm Busch (1832-1908)

Anche la stupidità è un dono di natura.

Man vergisst nicht, wenn man vergessen will.

Friedrich Nietzsche (1844-1900)

Non si riesce a dimenticare quando si vuole dimenticare.

Wer kämpft, kann verlieren;
wer nicht kämpft, hat schon verloren.

Bertolt Brecht (1898-1956)

Chi combatte può perdere; chi non combatte ha già perso.

Des Menschen Wille, das ist sein Glück.

Friedrich von Schiller (1759-1805)

La volontà dell'uomo: quella è la sua fortuna.

HEUTE KOCHT OMA

APFEL-STRUDEL

Un profumo che evoca un rifugio di montagna, un paesaggio innevato da ammirare mentre si sta al caldo davanti a un camino acceso... stiamo parlando dello strudel di mele!

La sua paternità è contesa tra Trentino-Alto Adige e Tirolo austriaco, ma le sue radici sono molto più lontane: è arrivato nell'Impero degli Asburgo dalla Turchia passando per l'Ungheria e portando con sé il profumo orientale della cannella. La ricetta più antica risale al 1696 ed è conservata nella Biblioteca Nazionale di Vienna: un vero e proprio tesoro!
La preparazione è abbastanza semplice: seguendo questi passaggi stupirete i vostri invitati con un perfetto *Apfelstrudel*.

Zutaten für die Füllung

- *1 kg Äpfel* (1 kg di mele)
- *170 g Kristallzucker* (170 g di zucchero fino)
- *1 Pkg. (Packung) Vanillezucker* (1 pacchetto di zucchero vanigliato)
- *4 EL (Esslöffel) Zitronensaft* (4 cucchiai di succo di limone)
- *Schale von 1 Bio-Zitrone (abgerieben)* (la scorza grattugiata di un limone biologico)
- *8 cl Rum* (8 cl di rum)
- *80 g Rosinen* (80 g di uva passa)
- *70 g Mandeln (gehackt)* (70 g di mandorle tritate)
- *140 g Semmelbrösel* (140 g di pangrattato)
- *90 g Butter* (90 g di burro)
- *Öl* (olio)
- *Zimt* (cannella)

Zutaten für den Teig

- *250 g glattes Mehl* (250 g di farina 00)
- *120 ml Wasser (lauwarm)* (120 ml di acqua tiepida)
- *2 EL Öl* (2 cucchiai di olio)
- *1 Prise Salz* (1 pizzico di sale)
- *100 g Butter (zerlassen; zum Bestreichen)* (100 g di burro fuso per spennellare)

Zubereitung

Preparate la base unendo alla farina acqua, olio e sale. Formate una pallina, spalmatela con l'olio e lasciate riposare per circa un'ora al fresco.
Nel frattempo pulite e sbucciate le mele, tagliatele a fette e mischiatele in un contenitore con lo zucchero, il succo e la buccia di limone, mezzo cucchiaino di cannella, il rum, le mandorle e l'uva passa.
Mentre lasciate un po' in ammollo le mele nel succo che si crea (le dovrete scolare dopo 15 minuti), fate tostare il pangrattato con il burro in una padella.
Scaldate il forno a 180 °C; stendete la pasta molto sottile e spennellatela di burro fuso.
Ora viene il bello: coprite per due terzi la pasta con il pangrattato tostato e il composto di mele, poi arrotolate la pasta per creare la tipica forma a salsicciotto.
Spennellate nuovamente con il burro e mettete nel forno caldo per circa 50 minuti.
Quando è pronto, tagliate lo strudel a fette, spolveratelo con zucchero a velo e non dimenticate di servirlo caldo con *Schlagobers* (panna montata) o *Vanillesauce* (crema calda alla vaniglia)... per restare leggeri!

Guten Appetit!

WIE SAGT MAN AUF DEUTSCH?

DIE NATIONALITÄTEN

L'aggettivo legato al paese termina sempre con ***-isch*** (*italienisch*, *französisch*, *russisch*). Ma come si forma il sostantivo della nazionalità?
Ci sono due grandi gruppi: nel primo gruppo, il maschile termina in ***-er***, il femminile in ***-erin***, nel secondo gruppo il maschile termina in ***-e***, il femminile in ***-in***.
Ve li ricordate tutti? Mettetevi alla prova, facendo attenzione ai casi particolari.

1. Er/sie kommt aus Japan und spricht Japanisch:
   der .... / die ....
2. Er/sie kommt aus Schottland und spricht Englisch:
   der .... / die ....
3. Er/sie kommt aus Kroatien und spricht Kroatisch:
   der .... / die ....
4. Er/sie kommt aus Italien und spricht Italienisch:
   der .... / die ....
5. Er/sie kommt aus Russland und spricht Russisch:
   der .... / die ....

6. Er/sie kommt aus Argentinien und spricht Spanisch:
der .... / die ....

7. Er/sie kommt aus Slowenien und spricht Slowenisch:
der .... / die ....

8. Er/sie kommt aus Tunesien und spricht Arabisch:
der .... / die ....

9. Er/sie kommt aus Irland und spricht Englisch:
der .... / die ....

10. Er/sie kommt aus Schweden und spricht Schwedisch:
der .... / die ....

11. Er/sie kommt aus Dänemark und spricht Dänisch:
der .... / die ....

12. Er/sie kommt aus der Schweiz und spricht Deutsch:
der .... / die ....

13. Er/sie kommt aus China und spricht Chinesisch:
der .... / die ....

14. Er/sie kommt aus Frankreich und spricht Französisch:
der .... / die .... (Achtung!)

15. Er/sie kommt aus Deutschland und spricht Deutsch:
der .... / die .... (Achtung!)

16. Er/sie kommt aus Polen und spricht Polnisch:
der .... / die .... (Achtung!)

17. Er/sie kommt aus Ungarn und spricht Ungarisch:
der .... / die .... (Achtung!)

18. Er/sie kommt aus Griechenland und spricht Griechisch:
der .... / die .... (Achtung!)

Conoscete i nomi dei continenti
e gli aggettivi corrispondenti?

Flirten
ALLES IM GRIFF?

Non riuscite a resistere al fascino dei caratteristici occhi azzurri e capelli biondi? Ecco allora qualche dritta per non rischiare di lasciarvi scappare l'anima gemella... o, al contrario, per non essere importunati!

GESPRÄCH

Bist du oft hier?
Vieni spesso qui?

Darf ich dir ein Getränk ausgeben? /
Darf ich dich auf ein Getränk einladen?
Posso offrirti da bere?

Kann ich dich nach Hause begleiten / fahren?
Posso accompagnarti a casa?

KOMPLIMENTE MACHEN...

Du siehst wunderschön in dem Kleid / Hemd aus!
Stai benissimo con quella camicia / quel vestito!

Es war schön, mit dir zu reden!
È stato bello parlare con te!

Du hast mich verzaubert.
Mi hai incantato / a.

Du bist die Frau / der Mann meiner Träume!
Sei la donna / l'uomo dei miei sogni!

Ich bin verknallt in dich.
Ho preso una cotta per te.

Mit dir vergesse ich die Zeit.
Con te dimentico il tempo.

NEIN SAGEN...

Lass mich in Ruhe!
Lasciami in pace!

Verschwinde / Hau ab!
Sparisci!

Ehrlich gesagt glaube ich nicht, dass die Chemie zwischen uns stimmt.
Sinceramente non credo ci sia chimica/affinità tra noi.

Ich möchte mich jetzt nicht festlegen und hoffe, dass du das verstehst.
Al momento non voglio relazioni, spero tu lo possa capire.

Bitte sei mir nicht böse, aber ich bin nicht an dir interessiert.
Scusami, non ti arrabbiare ma non sono molto interessato / a a te.

Es liegt nicht an dir, ich habe schon eine Freundin / einen Freund.
Non è colpa tua, solo che ho già una ragazza / un ragazzo.

UNGLAUBLICHES ÜBER...
DEN KÖLNER KARNEVAL

In Germania il Carnevale (*Karneval* o *Fastnacht* o *Fasching*) è una tradizione molto sentita. In particolare vi consigliamo di assaporare il clima di festa che si respira a Colonia (*Köln*) nel lungo periodo riservato a questo evento:

- Il Carnevale di Colonia inizia l'11 novembre (ebbene sì!) alle 11.11 con la nomina del Principe (*Prinz*), del Contadino (*Bauer*) e della Vergine (*Jungfrau*), i tre personaggi principali della festa.
- La Vergine è interpretata da un uomo e porta uno specchio, simbolo di vanità; il Contadino porta una spada come simbolo di audacia e lealtà; il Principe porta una collana d'oro e una corona con una coda di pavone, a simboleggiare immortalità.
- I festeggiamenti vengono sospesi con l'inizio dell'Avvento e riprendono sei settimane prima di Pasqua al grido *Kölle Alaaf*, che significa «Niente al di sopra di Colonia» (*Nichts über Köln*).

- Il giovedì si comincia con la *Weiberfastnacht* (Carnevale delle donne), in cui le donne girano armate di forbici per tagliare le cravatte degli uomini in cambio di un bacio.
- Il giorno successivo è il *Karnevalsfreitag* (venerdì di Carnevale), un tripudio di colori tra cortei e parate nel centro città.
- Si prosegue col *Karnevalssamstag* (sabato di Carnevale), in cui gli uomini indossano eleganti cappotti rossi durante la cerimonia commemorativa dei caduti in Piazza Neumarkt.
- Migliaia di studenti mascherati sfilano e cantano durante il *Karnevalssonntag* (domenica di Carnevale).
- Protagonisti del lunedì grasso (*Rosenmontag*) sono maestosi carri allegorici, che sfilano gettando dolciumi tra il pubblico.
- L'apice dei festeggiamenti si raggiunge il martedì grasso col rogo del *Nubbel*, un fantoccio di paglia che viene bruciato per salutare l'anno vecchio che ci si lascia alle spalle.
- Il mercoledì delle Ceneri (*Aschermittwoch*) chiude definitivamente i festeggiamenti.

GROSS ODER KLEIN?

Come sapete, in tedesco ogni sostantivo va sempre scritto con l'iniziale maiuscola: *das Bett*, *der Hund*, *die Philosophie.*

In alcuni casi, anche altri verbi o aggettivi possono essere scritti con l'iniziale maiuscola. Quando?

- quando un verbo è sostantivato: *das Essen*, *das Schreiben* (il cibo / il mangiare, la scrittura / lo scrivere);
- quando un aggettivo è sostantivato: *der Kranke*, *das Beste*, *im Allgemeinen*, *nichts Besonderes* (il malato, il meglio, in generale, niente di particolare);

> **Fate attenzione!** L'aggettivo ha valore di sostantivo ma resta pur sempre un aggettivo, quindi non dimenticate di declinarlo come si deve! *Der Arzt hat dem Kranken geholfen* (Il medico ha aiutato il malato).

- quando si parla di lingue: *auf Englisch*, *ins Deutsche übersetzen* (in inglese, tradurre in tedesco);
- le parti del giorno si scrivono in maiuscolo anche se precedute da avverbi come *morgen*, *heute*, *gestern* ecc.: *gestern Abend*, *heute Morgen* (ieri sera, stamattina).

Ein Paar o *ein paar*? Entrambi, ma ognuno al momento giusto!

- *ein Paar* quando volete dire che sono proprio due: *ein Paar Ohrringe*, *ein glückliches Paar* (un paio di orecchini, una coppia felice);
- *ein paar* quando volete dire "un paio", "qualcuno": *ein paar Euro, ein paar Dinge* (qualche euro, qualche cosa).

Quando vogliamo dare del lei a qualcuno in tedesco usiamo il pronome di terza persona plurale *Sie*: se state comunicando in forma scritta, ricordate che i pronomi personali (anche i possessivi) andranno sempre scritti in maiuscolo.

Es freut mich, Sie kennenlernen zu dürfen. Ich habe Ihre Email bekommen.
Piacere di conoscerla. Ho ricevuto la sua e-mail.

ESERCIZIO

Scegliete di volta in volta la forma corretta delle parole.

Sehr geehrte Frau Kainz, ich möchte **sie/Sie** morgen **nachmittag/Nachmittag** nach dem **wandern/Wandern** zu **kaffee/Kaffee** und **kuchen/Kuchen** einladen.
Ein **paar/Paar** Freunde werden auch da sein.
Viele **grüße/Grüße**.

WÜRSTE FÜR ALLE

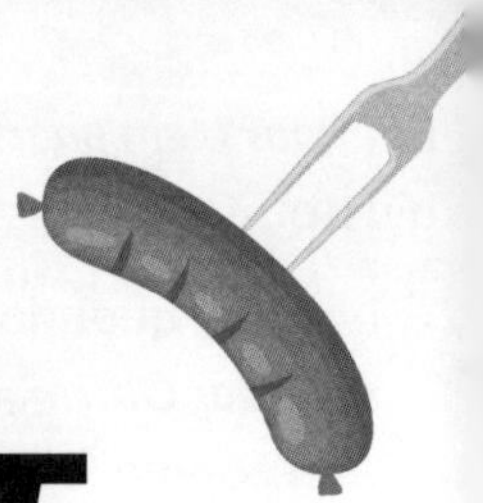

A loro sono dedicate intere pagine dei menu di qualsiasi ristorante locale. A loro sono riservati numerosi scaffali in ogni supermercato. A loro si rifanno molte tradizioni culinarie popolari. Di svariati colori e dimensioni, preparate e consumate secondo innumerevoli ricette, le tipiche salsicce (*Würste*) spopolano sulle tavole dei tedeschi!
Guardate quanti tipi ne esistono...

Rohwürste, Dauerwürste (si conservano a lungo)

Schnittfest (da affettare)
Zervelatwurst, Schlackwurst, Salami

Streichfähig (da spalmare)
Mettwurst, Teewurst

Brühwürste (per il brodo)
Jagdwurst, Mortadella, Bierwurst, Bockwurst

Kochwürste (da cuocere)
Leberwurst, Blutwurst, Nürberger, Wiener und Frankfurter Würstchen, Bratwurst

I *Würste* hanno inoltre ispirato modi di dire e proverbi.

- *Alles hat ein Ende, nur die Wurst hat zwei:* «tutto ha una fine, solo la salsiccia ne ha due»... ogni cosa prima o poi finisce.
- *Eine Extrawurst kriegen:* «ricevere una salsiccia in più, un trattamento speciale (non per forza cibo: per esempio, un'ora di pausa in più)».
- *Es geht um die Wurst:* «si tratta della salsiccia», ovvero è un momento decisivo. In passato la salsiccia costituiva il premio di tante competizioni.
- *Spiel nicht die beleidigte Leberwurst!* «Non giocare alla salsiccia di fegato offesa!» Non fare l'offeso. La tradizione ci dice che la salsiccia di fegato va cotta sempre per ultima, in quanto è pronta in poco tempo: per questo sarebbe offesa nel vedere cuocere prima le altre salsicce.
- *Armes Würstchen*: «povera salsiccetta»; poverino, poveretto... come un vermetto infilzato sull'amo che si dimena.
- *Das ist mir Wurst / Wurscht*: «per me è salsiccia», ovvero per me è uguale, non me ne frega niente.

Thomas Neuwirth, cantante austriaco, si è ispirato proprio a quest'ultimo detto per il suo nome d'arte Conchita Wurst: non importa l'aspetto di una persona ma solo ciò che è e che sa fare.

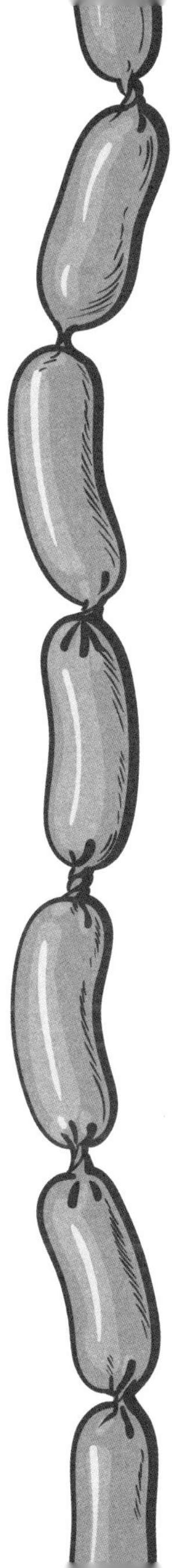

WIE SAGT MAN AUF DEUTSCH?

Fußball

Gli italiani sono fan sfegatati del calcio. I tedeschi? Anche!

1. Riuscite a decifrare i seguenti "codici" per trovare i ruoli dei giocatori in campo? Fatevi aiutare dalla parola di esempio *Weltmeisterschaft* (Campionati mondiali).

W	E	L	T	M	E	I	S	T	E	R	S	C	H	A	F	T
22	18	5	8	20	18	9	19	8	18	4	19	10	23	3	6	8

a. Der

_	_	_	_	_	_	_	_	_	_	_	_	_	_	_	_	_
20	9	8	8	18	5	6	18	5	21	19	24	9	18	5	18	4

b. Der

_	_	_	_	_	_	_
8	15	4	22	3	4	8

c. Der

_	_	_	_	_	_	_	_	_	_	_
15	18	4	8	18	9	21	9	1	18	4

d. *Der*

_ _ _ _ _ _ _
8 4 3 9 2 18 4

2. Un po' di storia... In quali anni la Germania ha vinto i Campionati mondiali di calcio?

   a. 1960, 1974, 1998, 2014.
   b. 1954, 1970, 1990, 2014.
   c. 1954, 1974, 1990, 2014.

   Quale altra nazionale ha all'attivo lo stesso numero di vittorie?

   a. Brasile.
   b. Francia.
   c. Italia.
   d. Argentina

3. Cosa significano le seguenti espressioni? Collegatele al corrispettivo italiano.

ein Tor schießen	la vittoria
das Stadion	calcio di rigore
die Eckfahne	fare gol
angreifen	la serie A
der Elfmeter	la sconfitta
die Niederlage	attaccare
der Sieg	la bandierina
die erste Bundesliga	lo stadio

UNGLAUBLICHES ÜBER...
DIE SCHWEIZ

- Heidi è nata dalla penna della svizzera Johanna Spyri, ma il suo volto più noto – quello televisivo – è stato disegnato da Hayao Miyazaki della Nippon Animation negli anni Settanta. A Maienfeld è possibile visitare la sua casa, dove la sua “mamma” trascorreva le vacanze estive.
- Con una superficie di soli 41.285 km², in Svizzera ci sono oltre 24 vette che superano i 4.000 metri! La più alta è il Monte Rosa, condiviso con l’Italia, che tocca i 4.634 metri.
- La celebre bandiera della confederazione elvetica (croce bianca su sfondo rosso, alla quale la bandiera della Croce Rossa ha voluto rendere omaggio) è l’unica al mondo di forma quadrata, insieme alla bandiera del Vaticano.

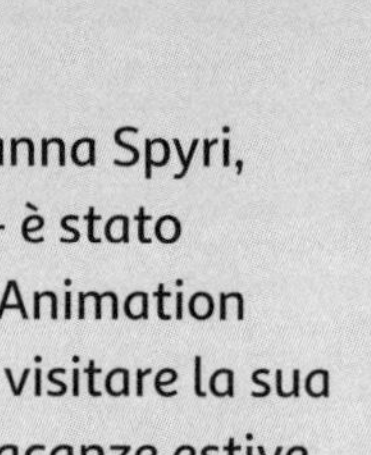

- Le guardie svizzere sono presenti nello Stato del Vaticano dal 1506. I suoi membri (in tutto 110) devono essere cittadini svizzeri tra i 18 e i 30 anni, alti non meno di 174 centimetri. La loro colorata uniforme è ispirata alle divise storiche e ai quadri di Raffaello, con i colori di Giulio II (fondatore della milizia).

- L'eroe nazionale è Guglielmo Tell: tra mito e realtà si racconta la storia di questo cacciatore vissuto a fine XII secolo, condannato e sfidato a colpire con un tiro di balestra una mela posta in testa al figlio. Grazie alla sua precisione ci riesce, e la sua vittoria contro il signore della città è la scintilla che accende la ribellione del popolo svizzero e la lotta per l'indipendenza.
- Il trenino del Bernina è un modo affascinante e romantico per gustare i meravigliosi paesaggi alpini della Svizzera. Pensate che nel suo punto più alto tocca i 2.253 metri!
- La Svizzera non ha preso parte a nessuna guerra mondiale: è sempre stata neutrale. Ha un numero di rifugi atomici sufficienti a ospitare tutti i suoi abitanti.
- Ben 4 tra i fiumi più importanti d'Europa (Ticino, Reno, Rodano e Reuss) nascono in Svizzera dal massiccio del San Gottardo.
- Certo, la Svizzera è la patria del cioccolato... ma lo sapete che nel 1722 il consiglio comunale di Zurigo lo bandì dalla città? I suoi presunti poteri afrodisiaci erano infatti considerati pericolosi per la popolazione.
- Il coltellino svizzero (inventato alla fine del XIX secolo e inizialmente prodotto in Germania) è il simbolo svizzero più famoso e diffuso nel mondo: pensate che ogni anno se ne producono oltre 7 milioni di esemplari destinati all'esportazione!

RUND UM DEN SATZ
DIE VERNEINUNG

Mille modi di dire “no”. Certo, ***nein*** lo conoscete tutti, ma sapete usare anche gli altri? Innanzitutto, ricordate che in tedesco non esistono le doppie negazioni!

Nicht si comporta come un prefisso del verbo, serve a negare l’azione e si trova solitamente in fondo alla frase (o prima dell’ultimo elemento legato al verbo):

Ich schaue mir diesen Film nicht an: Es ist ein Horrorfilm!
Non mi guardo questo film: è un film dell’orrore!

Er versteht das nicht!
Non lo capisce!

Oltre al verbo, *nicht* nega anche aggettivi o avverbi:

Sie ist nicht so sympathisch.
Non è così simpatica.

Er spielt nicht gut Tennis.
Non gioca bene a tennis.

Kein nega l’oggetto dell’azione:

Ich schaue mir keine Filme an: Ich lese lieber Bücher.
Non guardo nessun film: preferisco leggere.

Inoltre, *kein* nega i sostantivi, significa «nessuno». Si declina come *ein*, *eine*, *ein* e come loro si trova sempre prima del sostantivo.

Wir haben kein Auto.
Non abbiamo nessuna macchina.

Richard hat keinen Hunger.
Richard non ha fame («non ha nessuna fame»)

Nichts significa «niente»:

Es gibt hier nichts zu sehen .
Non c'è niente da vedere qui.

Esistono poi tanti altri elementi per rendere una frase negativa.

- ***Niemand***: «nessuno», è la negazione di *jemand.*

  Wir sind zu früh gekommen und es war noch niemand da!
  Siamo arrivati troppo presto e non c'era ancora nessuno!

- ***Nirgendwo / nirgends***: «da nessuna parte», è la negazione di *irgendwo.*

  Sie kann ihre Geldtasche nirgendwo finden.
  Non riesce a trovare il portafoglio da nessuna parte.

- ***Nie / niemals***: «mai», contrario di *irgendwann.*

  Ich werde ihn nie mehr wiedersehen.
  Non lo rivedrò mai più.

UMGANGSSPRACHE

Spesso nella lingua parlata si usano parole poco usate nello scritto. Ecco un promemoria per interpretare le espressioni più usate nel tedesco quotidiano.

Kriegen

(Bekommen)

Kriege ich noch ein Keks, bitte?
Mi dai un altro biscotto, per favore?

Um 11 Uhr abends kriege ich immer Hunger!
Alle 11 di sera mi viene sempre fame!

Bescheuert

(Dumm)

Ich wollte gerade das Besteck in die Waschmaschine legen... total bescheuert!
Stavo per mettere le posate nella lavatrice... che rimbambito!

Gescheit

(Gut, vernünftig)

Ich hatte heute keine Mittagspause: jetzt kann ich endlich mal gescheit essen!
Oggi non ho fatto pausa pranzo: ora posso finalmente mangiare come si deve!

ACHTUNG!

FEHLERTEUFEL!

Sapete evitare gli errori più comuni commessi da chi studia il tedesco? Leggete le seguenti frasi e prestate attenzione alle interferenze con l'inglese, che presenta molti punti in comune con il tedesco data la loro stretta parentela.

Nelle soluzioni troverete anche dei trucchi per non cadere più nelle trappole linguistiche.

1. *Ich esse Pizza, Pasta und also Eis.*

2. *Brad Pitt ist der Freund von George Clooney.*

3. Deine Wohnung ist ein Durcheinander, du könntest zumindestens in der Küche aufräumen!

....

4. Wo hast du deinen Pulli gekauft? Ich habe denselben Pullover!

....

5. Ich glaube, dass ist total falsch!

....

6. Sie will zu Hause gehen.

....

7. An der Uni gibt es viele ausländische Schüler.

....

8. Ich habe kalt.

....

9. Richard möchte Astronaut bekommen.

....

WIE SAGT MAN AUF DEUTSCH?

DIE KLEIDUNG

Per un tedesco, lamentarsi per il meteo è inammissibile: infatti *Es gibt kein schlechtes Wetter, nur schlechte Kleidung!* («Non esiste un clima brutto, ma solo vestiti non adatti!»).

Sapete vestirvi nel modo adatto in ogni stagione? Provate a riordinare le parole negli spazi giusti. Serve aiuto? Trovate le traduzioni di tutte le parole in fondo al libro!

die Hose die Krawatte der Rock
die Schuhe der Anzug das Hemd
die Bluse die Stiefel die Jeans
das Kleid die Sonnenbrille der Mantel
die Jacke das T-Shirt das Sommerkleid
das Top die Handschuhe die Turnschuhe
der Strumpf der Schal der Hut
die kurze Hose / die Shorts die Mütze
der Badeanzug der Pullover die Socken
die Unterwäsche (die passt zu jeder Jahreszeit!)

der Frühling

....

....

....

....

....

....

....

der Sommer

....

....

....

....

....

....

....

der Herbst

....

....

....

....

....

....

....

der Winter

....

....

....

....

....

....

....

ANDERE LÄNDER, ANDERE... FEIERTAGE

Pensate di conoscere le festività tedesche?
Completate il seguente cruciverba per mettervi alla prova!

WAAGERECHT

5. *Am dritten Tag dieses Monats feiert man die deutsche Einheit.*
6. *Der Tag vor Neujahr.*
9. *Dieser Feiertag stellt das Ende der Weihnachtszeit dar.*

SENKRECHT

1. *Da verkleidet man sich und macht Scherze.*
2. *Der 1. November.*
3. Was wir Pasquetta *nennen.*
4. *Zweiter Weihnachtstag auf Italienisch.*
7. *Das deutsche Wort für* Pentecoste.
8. *An dem Tag kommt das Christkind oder der Weihnachtsmann.*
10. *Der Freitag vor dem Ostersonntag*

1
2
3
4
5
6
7
8
9
10

Staunen äußern
ALLES IM GRIFF?

Chiacchierando con amici davanti a una birra o nella pausa caffè (*Kaffeepause*) in ufficio, può capitare di rimanere di stucco per un pettegolezzo inaspettato.
Per non restare a bocca aperta, potete rispondere così:

Achsooo!
Ahhh!

Echt?
Veramente?

Wirklich?
Davvero?

Nicht dein Ernst!
Stai scherzando?

Im Ernst jetzt?
Seriamente?

Potete poi aggiungere frasi come:

Woher weißt du das?
Come fai a saperlo?

Das habe ich nicht gewusst!
Non lo sapevo!

Nie gehört!
Mai sentito!

Ich hatte keine Ahnung (davon)!
Non ne avevo idea!

Ich habe das gar nicht mitgekriegt / mitbekommen!
Non me ne ero proprio accorto! (anche nel senso di «venire a conoscenza»).

WIEDER WAS GELERNT!
KUNST

Mettetevi alla prova per scoprire se le vostre conoscenze in materia di arte superano le barriere alpine!

1. Per cosa si ricorda in particolare Albrecht Dürer?

a. Per le sue sculture.

b. Per le sue incisioni.

c. Per i suoi disegni.

2. Chi dipinse il quadro *Der Wanderer über dem Nebelmeer (Il viandante sul mare di nebbia*) nel 1817?

a. Käthe Kollwitz.

b. Max Liebermann.

c. Caspar David Friedrich.

3. Dove visse e operò il celebre Gustav Klimt?

a. Vienna.

b. Berlino.

c. Monaco di Baviera.

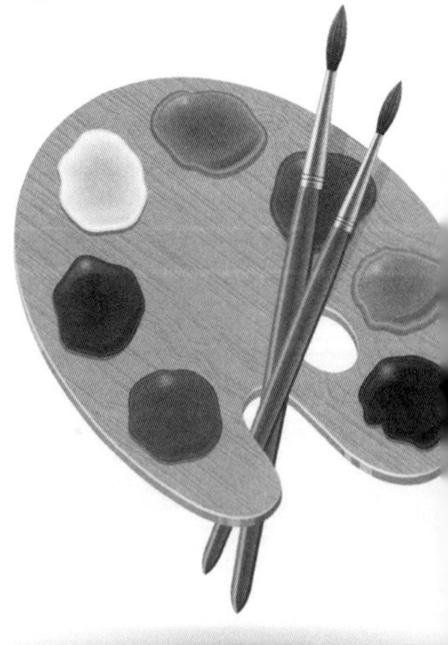

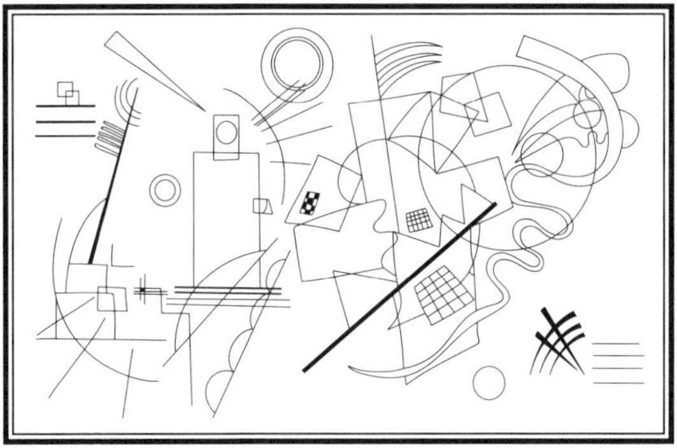

4. Quale movimento artistico fu fondato dal pittore tedesco Franz Marc insieme al russo Vasilij Kandinskij?

a. Der Blaue Reiter.

b. Die Brücke.

c. Die Neue Sachlichkeit.

5. Quali sono i soggetti più ricorrenti nelle opere di Egon Schiele?

a. Paesaggi naturali.

b. Corpi nudi.

c. Scorci cittadini.

6. Quale monumento berlinese è stato "impacchettato" dall'eccentrico artista Christo?

a. La porta di Brandeburgo (*Branderburger Tor*).

b. Il duomo (*der Dom*).

c. Il palazzo del Parlamento (*Reichstag*).

RUND UM DEN SATZ

MAL

Questa piccola parola può avere molti significati ed essere usata in diversi contesti.

- Come sostantivo neutro (*das Mal*, con l'iniziale maiuscola) significa «volta»: *zum dritten Mal, dieses Mal, Mal für Mal...*

  Das ist das letzte Mal, dass ich das wiederhole!
  Lo ripeto per l'ultima volta.

  Jedes Mal, wenn wir nach Spanien fahren, treffen wir Pablo.
  Ogni volta che andiamo in Spagna incontriamo Pablo.

- Come avverbio viene scritta attaccata a ciò che la precede, e minuscola: *einmal, zweimal, niemals, diesmal, manchmal...*

  Wollen wir das Lied noch einmal hören?
  Ascoltiamo la canzone ancora una volta?

  Manchmal träumt Tobias noch von Waltraud.
  Ogni tanto Tobias sogna ancora Waltraud.

- *Auf einmal, mit einem Mal* è sinonimo di *plötzlich*, «improvvisamente».

  Wir waren im Zug und auf einmal wurde alles dunkel!
  Eravamo in treno e all'improvviso è diventato tutto buio!

- *Alles / alle auf einmal* significa «tutto insieme, tutto (o tutti) in una volta, allo stesso tempo».

  Wir können nicht alles auf einmal machen.
  Non possiamo fare tutto insieme.

- Nelle espressioni con l'imperativo serve a esortare chi ascolta:

  Schau mal hier!
  Guarda un po' qui!

- *Mal so, mal so* significa «a volte così, a volte cosà».

  Wie war dein letztes Semester? Uhm... mal so, mal so.
  Come è andato il semestre? Così così.

- *Ein paarmal* o *ein paar Mal*? Sono entrambi accettati!

  Wir können das noch ein paar Mal / ein paarmal wiederholen.
  Possiamo ripeterlo qualche volta / un paio di volte.

UNGLAUBLICHES ÜBER...

- L'*Oktoberfest* (o *Wiesn*) non nasce come festa della birra (eh già!) bensì come cerimonia celebrativa delle nozze fra il principe di Baviera Ludwig I e la principessa Therese von Sachsen-Hildeburghausen nell'ottobre del 1810. La piazza dove si svolge l'evento fu battezzata *Theresienwiese* (prato di Teresa) in onore della neoregina.

- Nell'arco di oltre 200 anni l'*Oktoberfest* è stato annullato solo 24 volte, quasi sempre per motivi di guerra o per epidemie di colera.

- Oltre 6 milioni di persone di ogni provenienza visitano ogni anno questa festa, che risulta tra le più amate in assoluto, tanto che esistono circa 3.000 "copie" dell'*Oktoberfest* sparse in tutto il mondo.

- Nonostante il nome originale sia stato mantenuto, da oltre 100 anni l'*Oktoberfest* viene celebrato in gran parte a settembre (dalla metà di settembre all'inizio di ottobre circa), semplicemente perché fa più caldo.

- D'obbligo è l'abbigliamento tipico bavarese, il *Tracht*: corsetto e gonna (il *Dirndl*) per lei, camicia rossa, verde o blu a quadri, pantaloni di pelle (*Lederhose*) e calze al ginocchio o scaldapolpacci per lui.

- Tutto ha inizio con la frase *O' zapft is* (è stappato): solo dopo che il sindaco di Monaco ha aperto il primo barile di birra la festa può avere inizio! E allora via libera a *Brezen* (o *Brezel*), *Leberkäse* (polpettone di fegato), *Weißwurst* e, soprattutto, birra nei calici da un litro (*Literkrüge*), non sempre economica (circa 10 euro).

- Se volete conquistarvi un posto per brindare seduti ai tavoli di uno dei 14 tendoni (*Zelte*) dell'*Oktoberfest* ricordatevi di arrivare prima di pranzo, soprattutto se scegliete quello del celeberrimo birrificio *Hofbräuhaus*!

- Chi ha detto che l'*Oktoberfest* è solo per gli amanti della birra? Divertimento garantito per grandi e piccini tra bancarelle, giostre (tra cui l'imponente ruota panoramica) e stand con leccornie di tutti i tipi, come i classici spiedini di frutta ricoperta di cioccolato!

- Nel 1896 Albert Einstein lavorò come operaio all'Oktoberfest. Nel 2006 Paris Hilton osò presentarsi e sponsorizzare una marca di vino in lattina senza prima essersi accordata con gli organizzatori. Per questo fu bandita per sempre dall'*Oktoberfest*.

- Nel 2013 l'ufficio oggetti smarriti registrò 1.056 passaporti, 520 portafogli, 320 cellulari, 300 borse e zaini, 50 fotocamere. Tra i pezzi da novanta c'erano anche due fedi matrimoniali, una dentiera, un apparecchio acustico e un Segway!

WIE SAGT MAN AUF DEUTSCH?
QUIZ

Fare un po' di ginnastica non guasta mai… soprattutto se è ginnastica linguistica! Rimettete in ordine le lettere per trovare *die Lösung* (la soluzione).

1. *Jemand, der neben dir wohnt.*
   RHABACN

2. *Gefäß zum Begießen von Pflanzen.*
   ßENGAKNIE

3. *Man fühlt sie im Bauch, wenn man verliebt ist.*
   NTILHETRSGECME

4. *Was regelt das Fließen des Wassers?*
RHASHESNAW

5. *Pentecoste auf Deutsch.*
TEFNGINPS

6. *Jemand, der ein Boot steuert.*
TEMUNASERN

7. *Struktur, Bauwerk.*
BEÄUEDG

8. *... für ... kannst du die deutsche Sprache lernen!*
TSHIRTC

9. *Sonderfall, Abweichung von der Regel.*
MESANHAU

10. *Etwas Schönes und Unerwartetes.*
GHABCRUSEÜNR

WAS FÜR EINE SCHRÄGE SPRACHE!

In tedesco ci sono alcune espressioni davvero curiose, per non dire un po' matte! Scopritele tutte.

Schwarzfahren non è chi viaggia vestito di nero, ma chi viaggia sprovvisto di biglietto. Attenzione, perché la multa (*das Bußgeld*) potrebbe essere molto salata!

Schwein haben è l'equivalente di **Glück haben**, «avere fortuna»: nei paesi di lingua tedesca, il maialino è tradizionalmente simbolo di fortuna e di prosperità economica. Ecco perché i salvadanai (*Spardose*) hanno quella forma.

Die Patchworkfamilie non è una famiglia che nel tempo libero si dedica a ritagli di stoffe colorate: è la famiglia allargata.

Ma avete le fette di salame sugli occhi? Ehm... no, in tedesco sono pomodori, molto più salutari! **Tomaten auf den Augen haben**.

Markus hat einen Kater: non è improvvisamente diventato amico degli animali (*Kater* è il gatto maschio) ma si è preso una bella sbronza!

Pensate che esiste anche l'espressione **Muskelkater**, in pratica «sbronza dei muscoli», la sensazione di stanchezza dopo una fatica fisica.

UNTERWEGS IN ÖSTERREICH

Il tedesco si parla anche in Austria: piccolo Stato nel cuore dell'Europa, depositario di un passato imperiale e di tante tradizioni eccentriche. Scopritelo da vicino con questo quiz!

1. *Österreich hat weniger Einwohner als die Lombardei: richtig (R) oder falsch (F)?*
   R F

2. *Der berühmte Polizeihund aus Wien heißt.*
   a. Lassie
   b. Rex
   c. Scooby Doo

3. *Mozart ist in Wien geboren: richtig (R) oder falsch (F)?*
   R F

4. *Der Krampus ist:*
   a. eine Maske der Karnevalszeit
   b. eine Art Steinbock der Alpen
   c. der böse Helfer von Sankt Nikolaus

5. *Am Ende des Sommers werden Tiere (Kühe, Schafe oder Ziegen) von der Alm getrieben: Wie wird dieser österreichische Brauch genannt?*

   ....

6. *Das typische Wienerschnitzel ist vom*
   a. Kalb
   b. Schwein
   c. Rind

7. *Ein beliebter Österreicher in Hollywood heißt Arnold...*
   a. Shwarznegger
   b. Schwarzenegger
   c. Schwarznegher

8. *Die Alpen nehmen fast zwei Drittel der Landesfläche Österreichs ein: richtig (R) oder falsch (F)?*
   R F

ADJEKTIV-DEKLINATION

Un po' antipatica ma necessaria... Ripassiamo insieme la declinazione degli aggettivi.
Cominciamo da quella **debole**, ovvero il caso in cui l'aggettivo è preceduto dall'articolo determinativo (*der*, *die*, *das*...). Inserite la desinenza corretta (-*e* o -*en*) con l'aiuto della tabella.

	MASCHILE	FEMMINILE	NEUTRO	PLURALE
NOMINATIVO	-E	-E	-E	-EN
ACCUSATIVO	-EN	-E	-E	-EN
DATIVO	-EN	-EN	-EN	-EN
GENITIVO	-EN	-EN	-EN	-EN

1. *Ich habe mich mit dem neu .... Kollegen schon unterhalten.*
Ho già chiacchierato col nuovo collega.

2. *Die groß .... Stühle sind total unbequem.*
Le sedie grandi sono scomodissime.

3. *Ich finde die blau .... Jacke zu teuer.*
Penso che la giacca blu sia troppo costosa.

4. *Der blond .... Mann da ist mein Onkel.*
Quell'uomo biondo là è mio zio.

5. *Mit den älter .... Leuten kann er gar nicht umgehen.*
Non sa proprio trattare con le persone anziane.

6. *Wir waren noch nie in dieser schön .... Kirche.*
Non siamo mai stati in questa bella chiesa.

7. *Das letzt .... Lied von Andreas Bourani ist echt super!*
L'ultima canzone di Andreas Bourani è proprio bella!

8. *Kannst du den klein .... Hund da sehen?*
Vedi quel cagnolino là?

FALSCHE FREUNDE

Evitate confusione e figuracce seguendo questi piccoli consigli sugli errori più comuni di chi studia tedesco.

1. ***Andrea*** in tedesco è un nome femminile, il corrispettivo maschile è ***Andreas***. Anche ***Gabriele*** si riferisce a una ragazza! Un ragazzo si chiama invece ***Gabriel***.

2. ***Der Konkurs*** non significa «concorso» ma «fallimento». Come si dice "concorso"? ....

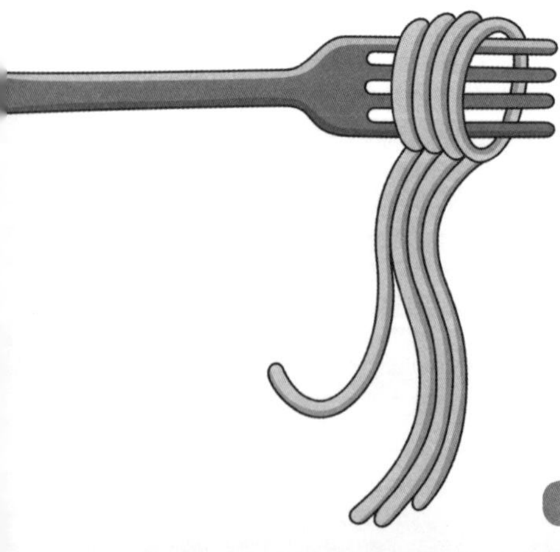

3. "Pasta" non è una parola così internazionale come credete: in tedesco è usata, ma spesso si preferisce ***die Nudeln***. Esiste anche un verbo, ***nudeln***, che significa «ingrassare». Viva i carboidrati!

4. ***Der Chef*** non è colui che cucina ma il capo, il superiore. Come si dice "cuoco"? ....

5. ***Der Doktor*** è chi ha svolto un dottorato di ricerca in università. Vi ricordate come si dice invece "dottore"?

   ....

6. Come abbiamo visto, l'espressione italiana "ciao" si usa anche in tedesco, ma solo per congedarsi, in alternativa a .... Quando si arriva si dice invece ***Hallo***, oppure ***Guten Morgen*** / ***Tag*** / ***Abend***.

7. Ci sono due parole tedesche che indicano il peccato: ***Schade*** (che si usa per dire "che peccato!", *wie Schade!*) e .... (il peccato, la colpa).

8. Una ***Firma*** in tedesco è un'azienda, una ditta. Come si dice invece "firma"?

   ....

WIE SAGT MAN AUF DEUTSCH?

TORTE ODER KUCHEN?

Dolci, dolci, dolci... i tedeschi li amano a tal punto da avere due parole per dire "torta": *der Kuchen*, il tipico dolce da forno che si può mangiare con le mani, e *die Torte*, una torta più alta, cremosa, da prendere d'assalto armati di forchettina. Pensate che per "regolare" questa categorizzazione esiste addirittura un aneddoto in forma di dialogo.

Wann ist für dich eine Torte eine Torte?

Wenn sie richtig voller Creme ist!

Das ist Bienenstich aber auch.

Na ja, rund muss sie natürlich schon sein.

So wie die Linzer Torte, oder? Blöd nur, dass die ganz ohne Creme ist!

Ach die netten Österreicher, die machen selbst aus einem Brötchenjungen einen Herrn Backrat.

Dann ist die blanke Sachertorte auch nur Kuchen?

Sacherkuchen? Ich muss doch sehr bitten! Die Sacher ist so voll fetter Wonne, dass sie praktisch Creme pur ist.

Tarte Tatin - eine Torte? Chocolate Mud Cake - ein Kuchen?

Das wissen die Franzosen und Amerikaner besser. Du wolltest hören, wie für mich eine Torte sein muss. Also: herrlich rund und stattlich hoch, wunderbar cremig und ganz, ganz fein. So fein, dass du sie am liebsten am Stück von der Platte löffeln willst.

Überzeugt, wann hast du die fertig?

ANDERE LÄNDER, ANDERE... HOBBYS

Scarponcini ai piedi, zaino in spalla e... pronti per andare a camminare (*wandern*) in montagna.
Ma cos'altro si può fare nel tempo libero?

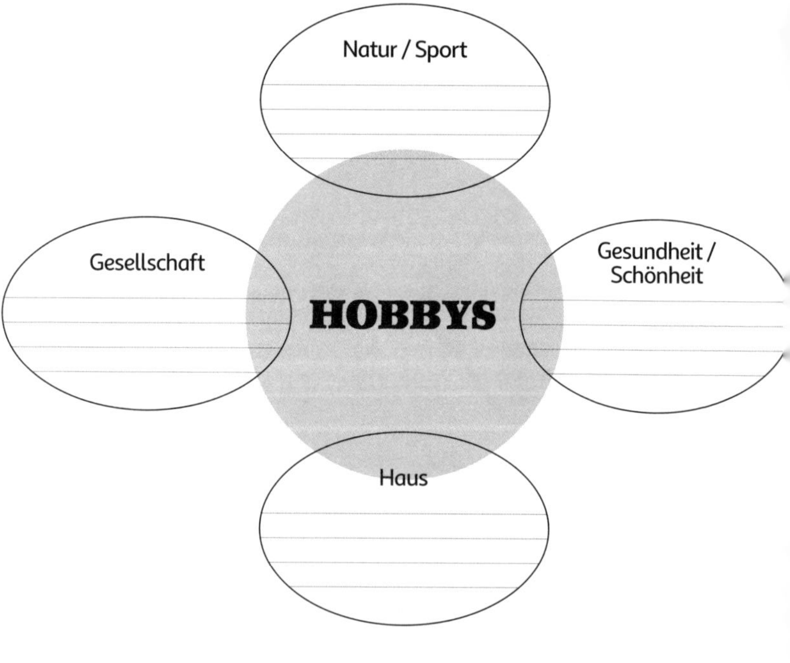

Completetate il grafico inserendo I seguenti hobby nella categoria corretta (alcune voci potrebbero rientrare in più di una categoria).

Gartenarbeit
Shopping
rätseln
zum Essen ausgehen
Gaming
reparieren
Fitnessstudio
wandern
joggen
Gesellschaftsspiele
Fahrrad fahren
basteln
Sauna
schwimmen

Ai tedeschi piace passare molto tempo all'aria aperta (*im Freien*). Nemmeno il brutto tempo può fermarli: troverete bambini e adulti a passeggio nei boschi armati di *Regenjacke* (k-way) e *Sitzkissen*, un apposito cuscino pieghevole per potersi sedere anche sul terreno umido.
Appuntamento fisso settimanale per alcuni è la palestra o la sauna (molti la possiedono addirittura in casa!), per altri un gioco di carte o di società. Per i più solitari ci sono poi l'enigmistica e il bricolage (soprattutto nel periodo natalizio, con regali e bigliettini fatti a mano).

RUND UM DEN SATZ

MODALVERBEN

Evitate i più comuni errori grazie a poche ma semplici dritte!

Voglio fare qualcosa,
l'ho programmato: ***wollen***.
Toni will Französisch lernen.

CHI HA DECISO?
IO

Sono capace di fare qualcosa,
ho la possibilità di farla: ***können***.
Sie kann sehr gut Klavier spielen.

Mi piace qualcosa: ***mögen***.
Meine Katze mag keine Milch.
Al congiuntivo, *möchten* indica
un desiderio, come l'italiano "vorrei":
Ich möchte in Spanien Urlaub machen.

CHI HA DECISO?

QUALCUNO PER ME

È una legge scritta, un comandamento: ***sollen***.
Du sollst nicht stehlen.

È un dovere, una necessità che qualcuno mi fa notare: ***müssen***.
Giulia sieht nicht so gut. Sie muss jetzt eine Brille tragen.

È un permesso dato da qualcuno: ***dürfen***.
Ok Martin, du darfst zur Party gehen!
Usato con la negazione indica un divieto:
Man darf hier nicht parken.

Eine einladung zu-oder absagen

ALLES IM GRIFF?

Vi hanno proposto di andare al cinema, a cena, a una festa o a bere un caffè? Vediamo come rispondere a un invito con l'aiuto di qualche semplice formula.

Gerne! Wann treffen wir uns?

JA

Volentieri! Dove ci vediamo?

Coole Idee! Wer kommt noch?
Ottima idea! Chi altro viene?

Super! Soll ich dich abholen?
Benissimo! Ti vengo a prendere io?

Sicher! Ich kann es kaum erwarten! / Ich freue mich schon!
Certo! Non vedo l'ora!

NEIN

Schade, ich bin nicht da! Aber nächstes Mal!
Peccato, non ci sono! Sarà per la prossima volta!

Das ist nett von dir, ich habe aber (leider) keine Zeit...
È gentile da parte tua però (purtroppo) non ho tempo...

Ich schaffe es leider nicht, ich habe so viel zu tun in der Arbeit / zu Hause...
Purtroppo non ce la faccio, ho un sacco da fare al lavoro / a casa...

Das wäre sehr cool, aber ich bin krank und muss zuhause bleiben.
Sarebbe bellissimo, ma sono ammalato e devo restare a casa.

UNÜBERSETZBARE WÖRTER

MANCHMAL KOMMEN SIE WIEDER...

Pensavate che le parole intraducibili fossero solo una manciata? Invece no! Ce ne sono molte altre.

WELTSCHMERZ Il «dolore del mondo», quella sensazione di sconforto e tristezza che vi assale quando scoprite che difficilmente sarà possibile soddisfare tutti i vostri desideri. Una visione del mondo abbastanza leopardiana!

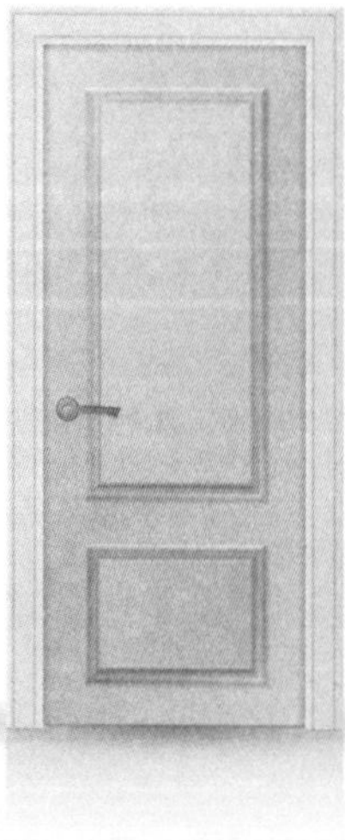

TORSCHLUSSPANIK

Il «panico della porta che si chiude». È il sentimento di ansia e agitazione che si prova quando nella vita svaniscono delle possibilità importanti e si perde l'attimo che non tornerà più.

WELTANSCHAUUNG

Una parola molto filosofica che significa «visione del mondo». Indica l'insieme di idee e concezioni con le quali percepite la realtà.

MAHLZEIT

È «il tempo del pranzo». Questa parola viene usata per augurarsi buon appetito prima di iniziare a mangiare.

PFAND

Se avete visitato Paesi germanofoni avrete sicuramente notato questa scritta sulle bottiglie di vetro e plastica. *Pfand* è la cauzione in denaro che pagate all'acquisto della bevanda e che vi sarà restituita quando porterete indietro il vuoto. Un modo intelligente per non inquinare!

WIEDER WAS GELERNT!
BERÜHMTE DEUTSCHE PERSÖNLICHKEITEN

Provate a completare il testo della pagina a fronte
con i nomi dei tedeschi più famosi nel mondo!
Li conoscete tutti?

Sigmund Freud

Immanuel Kant

Wolfgang Amadeus Mozart

Johann Sebastian Bach

Albert Einstein

Johann Strauss

Georg Wilhelm Friedrich Hegel

Deutschland ist das Vaterland vieler berühmter Persönlichkeiten der Literatur und der Philosophie. .... (geboren in Deutschland, später in die USA emigriert) ist höchstwahrscheinlich der bedeutendste Physiker und Wissenschaftler der Welt: Er hat über Zeit, Raum und Relativität theorisiert.
Sehr viele Musiker kommen aus Deutschland: der Barockkomponist ...., Ludwig van Beethoven, Richard Wagner, Johannes Brahms; eine noch größere Zahl stammt jedoch aus Österreich: das Wunderkind ...., (Franz) Joseph Haydn, Gustav Mahler, Arnold Schönberg, Franz Schubert und der Walzerkönig ....
Deutschland wird international vor allem als Heimat der Philosophie geschätzt, und das zu Recht! Der Autor von Kritik der reinen Vernunft, einem zentralen Werk der Aufklärung, ist ....; als Vater der Dialektik gilt ....; Adorno, Marx und Engels und noch viele andere Philosophen sind in Deutschland geboren.
Der Österreicher .... hat die Psychoanalyse begründet und das ganze 20. Jahrhundert beeinflusst.

WIE SAGT MAN AUF DEUTSCH?

KAFFEE

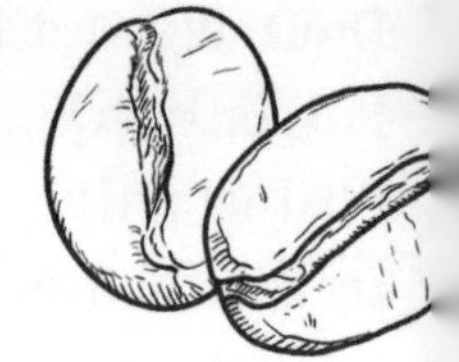

Caffè? Espresso? Cosa dire quando si entra in un bar tedesco? Vediamo di fare chiarezza.

Einen Kaffee, bitte!	caffè lungo, tipo caffè americano
Einen Espresso, bitte!	caffè italiano
Einen Cappuccino, bitte!	cappuccino che, udite udite, si beve anche il pomeriggio o durante i pasti!
Einen Latte Macchiato, bitte!	latte macchiato, anch'esso non destinato esclusivamente alla colazione!

Se siete a Vienna, non potete non assaggiare il tipico *Wiener Melange*, una sorta di tradizionale cappuccino austriaco.

INOLTRE, SAPEVATE CHE...?

Kaffee und Kuchen è la definizione tedesca di merenda: la domenica pomeriggio, in particolare, famiglie e amici si ritrovano in casa o al bar (*das Cafè*, da non confondere con la bevanda *Kaffee* di cui sopra) per bere un caffè e mangiare una fetta di quelle torte dai molteplici strati che fanno bella mostra di sé nelle vetrine delle pasticcerie tedesche!

NEBENSÄTZE

La costruzione della frase tedesca è tutt'altro che facile, soprattutto quando entrano in gioco le cosiddette frasi secondarie.
Tenete bene in mente quelle parole che fungono da campanello d'allarme per ricordarci che subito dopo andrà messo il soggetto e, solo a fine frase, il verbo:

WEIL PERCHÉ

WENN SE, QUANDO

FALLS NEL CASO IN CUI

BEVOR PRIMA CHE

OBWOHL SEBBENE

DASS CHE

ALS QUANDO (NEL PASSATO)

NACHDEM DOPO CHE

WÄHREND MENTRE

DAMIT AFFINCHÉ

Completate il testo inserendo le congiunzioni corrette.

.... ich ein Kind war, wollte ich nie meine Zähne putzen. Jetzt bin ich groß geworden und ich weiß, ... es doch sehr wichtig ist.

.... ich aus dem Haus gehe, putze ich meine Zähne. .... ich gegessen habe, putze ich meine Zähne. .... ich keine Eile habe, nehme ich mir viel Zeit dafür, ... jeder einzelne Zahn wirklich sauber wird. .... ich das vergesse, habe ich sogar einen Weckruf auf meinem Handy eingestellt. .... manche sich darüber lustig machen, will ich diese Gewohnheit nicht aufgeben!

Provate a completare queste frasi:

Ich möchte Deutsch lernen, weil ....

Mein Chef hat mir gesagt, dass ....

Ich bin glücklich, wenn ....

Bevor ich ins Bett gehe, ...

Während ich in der Arbeit bin, ...

RICORDATE...

Se la secondaria è prima della principale, questa vorrà l'inversione!
Fate attenzione: non mettere la virgola prima della secondaria è un vero e proprio errore!

ANDERE LÄNDER, ANDERE... SITTEN

STRANDKÖRBE

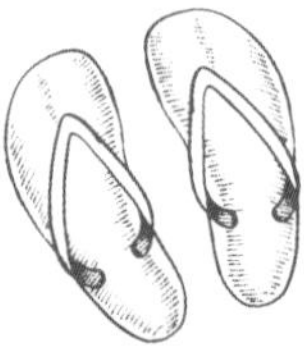

Se siete soliti lamentarvi del vento che di tanto intanto vi rovescia l'ombrellone in vacanza, be', sappiate che c'è chi non potrebbe nemmeno sognarsi di piantare un ombrellone nella sabbia! Il vento delle coste del Mare del Nord e del Mar Baltico è così forte che lo spazzerebbe via in un nanosecondo!

Per questo da oltre centotrent'anni le spiagge tedesche sono costellate di *Strandkörbe* (letteralmente «ceste da spiaggia»), ovvero panchine studiate per godersi il tepore del sole e la vista del mare riparati dal forte vento.

Tradizionalmente costruiti per lo più in stoffa e legno colorati, gli *Strandkörbe* seguono anch'essi le mode e stanno al passo coi tempi: gli ultimi modelli prevedono i più svariati comfort, come tavolini e poggiapiedi pieghevoli ed

estraibili, cuscini ergonomici e grata di sicurezza.
Sono inoltre disponibili versioni per due o tre persone, per bambini e addirittura per cani!
È quindi gara tra i bagnanti delle coste nordeuropee a chi noleggia lo *Strandkorb* più bello. In fondo, non sono solo gli ombrelloni a colorare le spiagge.

JEDEM KÖRPERTEIL SEINER REDEWENDUNG

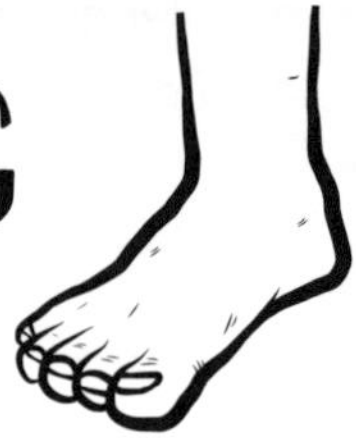

Il linguaggio non verbale e quello verbale a volte si intrecciano, come quando i proverbi richiamano gesti o concetti associati a parti del corpo.
Riuscite a trovare il corrispettivo italiano di ciascuno dei modi di dire elencati nella pagina a fronte?

1. *Einen grünen Daumen haben.*
2. *Jemandem die Daumen drücken.*
3. *Jemandem am Herzen liegen.*
4. *Den Kopf in den Sand stecken.*
5. *Den Kopf voll haben.*
6. *An jemandes Lippen hängen.*
7. *Jemandem etwas in den Mund legen.*
8. *Zwei linke Hände haben.*
9. *Etwas auf der Zunge haben.*
10. *Seine Nase in etwas stecken.*
11. *Bis über beide Ohren verliebt sein.*
12. *Ganz Ohr sein.*
13. *Jemandem auf die Füße treten.*
14. *Auf eigene Faust.*
15. *Aus den Augen, aus dem Sinn.*

a. Di proprio pugno.
b. Essere tutt'orecchi.
c. Avere qualcosa sulla punta della lingua.
d. Essere molto maldestro.
e. Lontano dagli occhi, lontano dal cuore.
f. Augurare buona fortuna a qualcuno.
g. Mettere la testa nella sabbia.
h. Avere tante cose per la testa.
i. Pendere dalle labbra di qualcuno.
j. Inimicarsi qualcuno.
k. Avere il pollice verde.
l. Ficcare il naso.
m. Mettere qualcosa in bocca a qualcuno.
n. Stare a cuore a qualcuno.
o. Essere innamorato perso.

UN-AUS-SPRECH-BAR-E DEUTSCHE WÖRTER!

Ci sono parole tedesche che a prima vista possono spaventare: o perché smisuratamente lunghe, o perché contengono molte consonanti o suoni sconosciuti. Vediamo come superare questi momenti di "smarrimento linguistico".

DAS SCHLITTSCHUHLAUFEN

IL PATTINAGGIO

La prima regola da tenere presente quando si ha a che fare con parole molto lunghe è provare a suddividerle in parole più piccole che spesso già si conoscono. In questo caso possiamo individuare *Schlitt*, che è la radice di *Schlitten* (slitta), *Schuh* (scarpa) e *Laufen* (camminare). Basterà pronunciare le tre diverse parti separatamente, con una brevissima pausa tra esse: *Schlitt-schuh-laufen.*

DIE IMBISSSTUBE

LA TAVOLA CALDA

Queste tre "s" in mezzo alla parola sono un po' inquietanti, eh? Ma niente paura! Se una parola contiene tre "s" basta individuare al suo interno una parola che finisca con due "s" (in questo caso *Imbiss*, «spuntino») e una che inizi con una "s" (in questo caso *Stube*, «salotto»). Nel pronunciarla dovremo semplicemente staccare le due parole, così: *Imbiss-stube*.

DIE STREICHHOLZSCHACHTEL

LA SCATOLA DI FIAMMIFERI

Ai tedeschi piace abbondare con le "h", avete notato? In questo caso, per esempio, abbiamo *Streich* (suono "ch"), *Holz* ("h" aspirata) e *Schachtel* (suono "sch" e suono "ch"). Vedrete che, associando ciascuna delle due "h" consecutive alla rispettiva regola di pronuncia, la difficoltà della parola risulta ridimensionata: *Streich-holz-schachtel.*

Provate a pronunciare le seguenti parole mettendo in pratica questi semplici trucchi. *Viel Erfolg*!

Baumwipfelpfad	sentiero panoramico sulle cime degli alberi
Eichhörnchenschwanz	coda di scoiattolo
Weihnachtsmärktchen	mercatino di Natale
Abschlussstichtag	giornata di bilancio aziendale
Solarstromsternwarte	osservatorio a energia solare

UNGLAUBLICHES ÜBER...
DEUTSCHE ERFINDUNGEN

Sapevate che queste invenzioni sono tutte *made in Germany*?

- La stampa a caratteri mobili, elaborata da Johannes Gutenberg nel 1455, ha lasciato un segno più che indelebile nella storia moderna.

- Indovinate cosa ha inventato l'ingegnere Rudolf Diesel? Esatto, il motore che porta il suo nome, brevettato nel 1892.

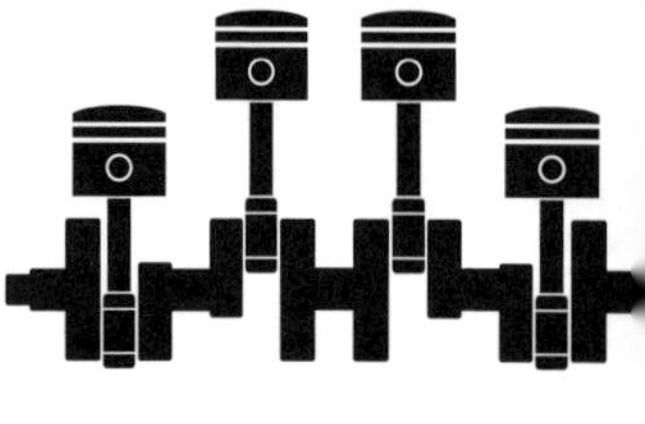

- Wilhelm Conrad Röntgen ha scoperto i raggi X nel 1885, riuscendo così a realizzare la prima radiografia della storia e vincendo il Nobel per la fisica.

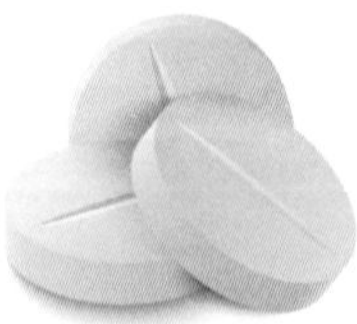

- Il farmaco più diffuso al mondo, l'Aspirina, è stato sintetizzato nel 1897 dal dottor Felix Hoffmann, ricercatore della Bayer, che finì la sua vita nell'anonimato dedicandosi all'arte.

- Anche l'automobile ha origine tedesca: è Karl Benz (esatto, il nonno della famosa Mercedes Benz) che, nel 1886, crea la prima auto della storia con motore a scoppio.
- Chi ha progettato il primo calcolatore elettronico, antenato dei computer? È stato l'ingegnere tedesco Konrad Zuse nel 1937.
- L'omeopatia è stata fondata alla fine del Settecento dal farmacista Samuel Hahnemann.
- Anche se è tradizionalmente attribuita all'americano Edison, la lampadina fu sviluppata già a partire dagli anni Cinquanta dell'Ottocento da Heinrich Göbel, che però non fece mai registrare il brevetto. Solo alla sua morte si vide riconoscere i diritti dell'invenzione, venduti dalla sua vedova caduta in miseria.
- *Born in the USA?* No! I jeans, simbolo americano per eccellenza, sono frutto dell'idea di un intraprendente tedesco emigrato negli Stati Uniti, Levi Strauss, la cui azienda (fondata nel 1853) porta tuttora il suo nome.
- Due ricercatori tedeschi, Jürgen Dethloff e Helmut Gröttrup, inventano nel 1969 la carta intellingente o *smart card*, un pezzetto di plastica piatto con circuito elettrico integrato che ha rivoluzionato il nostro modo di intendere il salvataggio di dati, il trasferimento di soldi e i sistemi assistenziali.

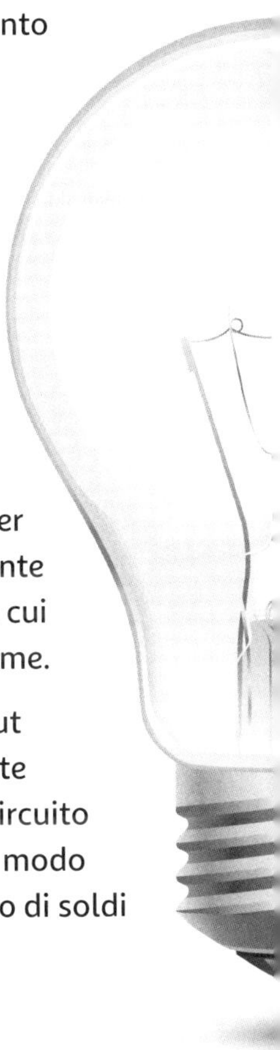

RUND UM DEN SATZ

KAUM

Come si traduce *kaum*? Purtroppo per voi, non esiste in italiano una traduzione che corrisponda al 100% a questa piccola e apparentemente innocua parolina. Vediamo insieme che cosa può voler dire.

1. Non appena, da pochissimo, proprio in quel momento.

   Er hatte kaum angefangen mit dem Buch, und schon wollte er nicht weiter lesen.
   Aveva iniziato il libro da pochissimo (cioè non aveva quasi neanche iniziato), e già non voleva più proseguire.

   Kaum hatten wir die Tickets gekauft, fing das Konzert schon an.
   Avevamo appena comprato i biglietti quando il concerto iniziò.

2. Quasi per niente, a malapena.

Ich habe kaum gegessen: Es geht mir so lala.
Non ho praticamente mangiato nulla: non mi sento molto bene.

Ich glaube sie ist kaum vierzig.
Penso che non abbia ancora quarant'anni / arriva a malapena ai quaranta.

Pablo kennt Luisa kaum.
Pablo conosce Luisa a malapena, quasi per niente.

3. A fatica, difficilmente.

Ich kann Weihnachten kaum erwarten.
Non posso aspettare fino a Natale / Non vedo l'ora che sia Natale.

Das ist kaum zu glauben!
Quasi non ci si crede!

Ich schaffe es kaum, pünktlich da zu sein.
Difficilmente riuscirò a essere puntuale.

WIE SAGT MAN AUF DEUTSCH?

ATTENZIONE!

Ci sono tre modi per dire "attenzione" in tedesco.

1. ***Vorsicht***, quando mettiamo in guardia qualcuno di fronte a un pericolo.

   Vorsicht, zerbrechlich!
   Attenzione, fragile!

2. ***Achtung***, quando indichiamo qualcosa che non va fatto.

   Achtung: Nicht geeignet für Kinder unter 3 Jahren.
   Attenzione: non adatto a bambini sotto i 3 anni.

3. ***Aufpassen***, quando qualcuno deve prestare attenzione a qualcosa.

   Du solltest beim Unterricht aufpassen.
   Dovresti stare attento a lezione.

Scegliete ora la variante corretta.

1. *..., Stufe!*

2. *..., frisch gestrichen!*

3. *Man sollte im Straßenverkehr immer ....*

WO BiST DU?

In tedesco, alcune preposizioni di luogo possono reggere sia il dativo che l'accusativo. Sono solo nove!

WO?	STATO IN LUOGO	**DATIVO**
WOHIN?	MOTO A LUOGO	**ACCUSATIVO**

Wo ist Ingo der Flamingo?
Dove si trova Ingo il fenicottero?

- *Ingo ist **neben** der Kokosnuss, rechts.*
  Ingo è di fianco alla noce di cocco, a destra.
- *Ingo ist **zwischen** den Palmen.*
  Ingo è tra le palme.
- *Ingo ist **vor** der Palme.*
  Ingo è davanti alla palma.
- *Ingo steht **hinter** der Palme.*
  Ingo è lì in piedi, dietro alla palma.

- *Der arme Ingo liegt **unter** den Kokosnüssen!*
  Il povero Ingo è sotto le noci di cocco!

- *Ingo fliegt **über** den Palmen.*
  Ingo è in volo sopra le palme.

- *Ingo ist **im** Wasser.*
  Ingo è nell'acqua.
  (Conoscete *im*? È il risultato di *in + dem*)

- *Ingo ist **am** Becken.*
  Ingo è a bordo vasca.
  (E *am* è il risultato di *an + dem*)

- *Ingo sitzt **auf** dem Sessel.*
  Ingo è seduto sulla poltrona.

Queste preposizioni possono anche indicare un movimento: fate attenzione, perché in quel caso saranno seguite per forza dall'**accusativo**.

Wohin geht Ingo der Flamingo?
Dove va Ingo il fenicottero?

Ingo geht ins *(in das) Restaurant*.
Ingo va al ristorante.

WIE SAGT MAN AUF DEUTSCH?

REGEN

ICH FREUE MICH,
WENN ES REGNET,
DENN WENN ICH MICH NICHT FR
REGNET ES AUCH.
QUANDO PIOVE SONO CONTENTO, PE
SE NON SONO CONTENTO PIOVE
LO STESSO.

I tedeschi prendono la pioggia sicuramente con più filosofia degli italiani, tanto che vi sono davvero molte parole legate a questo concetto... Riuscite a trovare le 10 più note in questo schema?

REGENBOGEN

REGENMANTEL

REGENSCHAUER

REGENWASSER

REGENTAG

REGENSCHIRM

REGENTROPFEN

REGENWALD

REGENWETTER

REGENWURM

M	R	R	M	G	X	T	B	P	I	Y	X	E	P	Q
R	R	E	E	R	A	M	Y	W	J	J	P	I	B	N
U	E	X	G	U	I	T	G	A	R	J	N	Q	T	R
W	E	G	Y	E	A	H	N	K	L	Y	T	V	R	R
N	Q	D	E	E	N	H	C	E	U	P	X	E	X	E
E	T	L	M	N	H	T	C	S	G	O	G	F	W	G
G	I	C	U	T	W	Z	R	S	N	E	J	T	T	E
E	R	S	R	M	H	E	J	O	N	E	R	K	Q	N
R	E	D	Y	L	L	O	T	W	P	E	G	K	D	M
M	C	Z	F	A	O	S	A	T	A	F	G	E	Y	A
A	Y	T	T	T	K	S	O	D	E	O	E	E	R	N
J	V	V	D	D	S	C	N	A	T	R	O	N	R	T
K	O	W	N	E	G	O	B	N	E	G	E	R	P	E
Q	A	Z	R	E	G	E	N	W	A	L	D	W	G	L
J	Z	C	A	U	T	Z	B	V	D	F	G	T	F	A

Qui trovate altre espressioni più specifiche:

Sprühregen pioggerella

Schneeregen pioggia mista a neve

Platzregen acquazzone

Landregen pioggia continua

Es schüttet piove a dirotto

Es nieselt pioviggina

BITTE NICHT!

WIE MAN SICH IN DEUTSCHLAND BENIMMT

Se c'è una cosa che i tedeschi sanno fare bene è rispettare le regole. Molte di queste, però, non sono scritte: per questo occorre sapere come comportarsi nelle seguenti situazioni.

- *Beim Essen* (a tavola): non masticate rumorosamente, non appoggiate i gomiti sul tavolo e non parlate con la bocca piena!

- *Bei Besuchen* (durante le visite): togliete sempre le scarpe quando entrate in casa di qualcuno, in modo da lasciare fuori lo sporco. Se siete voi ad avere ospiti, magari per cena, ricordate che per l'ora in cui arriveranno tutto dovrà già essere pronto per essere portato in tavola!

- *Beim sich Verabreden* (quando ci si dà appuntamento): se vi mettete d'accordo per trovarvi con qualcuno a un certo orario, presentatevi sempre 5 minuti prima. Il ritardo è visto come mancanza di rispetto verso l'altra persona, anche se vi incontrate a casa sua.
- *Beim Ausgehen* (durante le uscite): prendete esempio dai tedeschi e non bevete alcolici se dovete guidare, anche perché i controlli sono molto severi. E ricordate di dare sempre dal 5 al 10% di mancia quando pagate.

- *Beim Fahren* (alla guida): rispettate sempre i segnali stradali (soprattutto i limiti di velocità, anche quelli che sembrano assurdi!), tenete la giusta distanza di sicurezza ed evitate di suonare il clacson, anche di giorno.
- *Beim Schlange stehen* (in coda): rispettate la coda davanti a sportelli o biglietterie, in silenzio e senza fare i furbi!
- *In der Öffentlichkeit* (in pubblico): tenete sempre un tono di voce basso, soprattutto sui mezzi pubblici... i tedeschi di norma non amano gli ambienti rumorosi.
- *In Gesprächen* (in una conversazione): non interrompete mai il vostro interlocutore e mettete sempre un *bitte* (per favore) nella frase quando chiedete qualcosa. Non è mai ridondante: si usa molto più frequentemente dei vari "grazie" e "prego" italiani.

Deutschland Quiz
DIE DEUTSCHEN FLÜSSE

I fiumi che scorrono sul territorio tedesco attraversano, circondano, tagliano e inglobano paesini, borghi e metropoli... Ripassiamo insieme i nomi e le caratteristiche dei fiumi tedeschi più importanti.

1. Quale fiume attraversa Francoforte (*Frankfurt*)?

a. Oder
b. Weser
c. Meno (*Main*)
d. Necker

2. Quali fiumi sfociano nel Mare del Nord (*Nordsee*)?

a. Elba (*Elbe*) e Weser
b. Reno (*Rhein*) e Ruhr
c. Meno (*Main*) e Mosella (*Mosel*)
d. Oder e Danubio (*Donau*)

3. Qual è il fiume più lungo della Germania, pur non scorrendo interamente nei suoi confini?

a. Danubio (*Donau*)
b. Elba (*Elbe*)
c. Reno (*Rhein*)
d. Meno (*Main*)

4. Quale fiume segna un tratto del confine tra Germania e Polonia?

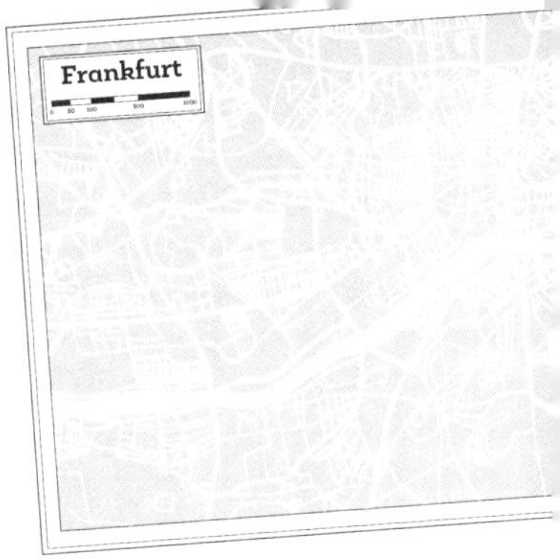

a. Danubio (*Donau*)
b. Oder
c. Elba (*Elbe*)
d. Weser

5. Quale fiume ha origine nella Foresta Nera (*Schwarzwald*)?

a. Reno (*Rhein*)
b. Meno (*Main*)
c. Necker
d. Danubio (*Donau*)

SAPEVATE CHE...?

Anche in tedesco i nomi dei fiumi sono sia femminili sia maschili e sono accompagnati dai rispettivi articoli (*die Donau*, *der Rhein*...). Non stupitevi, pertanto, di trovare indicazioni stradali di questo tipo:

Frankfurt ***am*** *Main* (Francoforte sul Meno)

Hamburg ***an der*** *Elbe* (Amburgo sull'Elba)

Esiste una città tra Germania e Austria costruita su un lembo di terra bagnato da tre fiumi, che, confluendo nello stesso punto con diversi colori, creano uno spettacolo senza eguali. I protagonisti di questo fenomeno sono Danubio (blu), Inn (verde) e Ilz (nero) e la città che fa da cornice è Passau: meta imperdibile per chiunque si trovi nei dintorni!

ADJEKTIV-DEKLINATION

Parliamo adesso della declinazione **mista**, quando l'aggettivo è preceduto dall'articolo indeterminativo (*ein*, *eine*...) o dagli aggettivi possessivi (*mein*, *meine*...). Inserite la desinenza corretta (-*e* o -*en*) con l'aiuto della tabella.

	MASCHILE	FEMMINILE	NEUTRO	PLURALE
NOMINATIVO	-ER	-E	-ES	-EN
ACCUSATIVO	-EN	-E	-ES	-EN
DATIVO	-EN	-EN	-EN	-EN
GENITIVO	-EN	-EN	-EN	-EN

1. Ich habe mir ein neu...................... Handy gekauft.
Mi sono comprato un nuovo cellulare.

2. Bei so einem schlecht...................... Wetter kann man nicht grillen.
Non si può grigliare con un tempo così brutto.

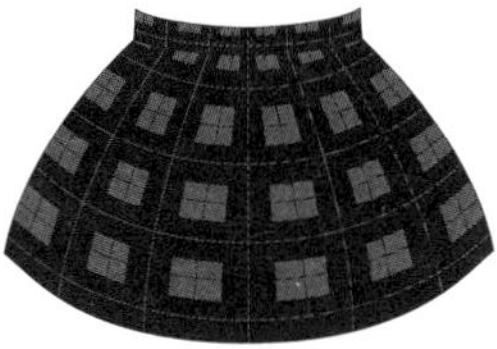

3. Ich finde deinen kariert......................
Rock sehr chic.
Penso che la tua gonna scozzese
sia molto elegante.

4. Mein Nachbar ist ein sehr nett...................... Mann.
Il mio vicino è un uomo davvero gentile.

5. Mögt ihr unsere modern...................... Küche?
Vi piace la nostra cucina moderna?

6. Wir waren noch nie in einem indisch...................... Restaurant.
Non siamo mai stati in un ristorante indiano.

7. Hier sind Ihre fertig...................... Schuhe, Frau Hess.
Ecco le sue scarpe finite, signora Hess.

8. Kannst du mir bitte deine rot...................... Mappe zeigen?
Mi puoi far vedere il tuo raccoglitore rosso, per favore?

Entschuldigung

ALLES IM GRIFF?

Ci sono diversi modi per dire “scusa” in tedesco; eccoli qui sintetizzati.

1. Entschuldigung!
Serve per attirare l’attenzione di qualcuno: *Entschuldigung, wo ist der Domplatz?* La versione più cortese si crea usando il verbo *entschuldigen*: *Entschuldigen Sie, bitte*! Ancora più ricercato: *Ich bitte Sie / dich um Entschuldigung.*

2. Das / es tut mir leid
Significa «mi dispiace, mi provoca dolore» (*das Leid*), e serve per esprimere empatia: *Es tut mir leid, dass ich so spät angekommen bin!* Potete ovviamente usare avverbi per arricchire questa espressione: *das tut mir unendlich / sehr / unheimlich / so / echt... leid* o usare l’espressione più colloquiale senza *es / das*: *tut mir leid.*

3. Wie bitte?
«Scusi / scusa?», «Come, prego?». Vi servirà quando non avete capito qualcosa, o non vi è chiaro qualcosa, per chiedere al vostro interlocutore di ripeterlo. Funziona anche senza *wie*. *Wie bitte? Kannst du das bitte wiederholen?*

4. Verzeihung

Forse un po' antiquato e meno usato del simile *Entschuldigung*, significa più «perdono» che «scusa».

Verzeihung, ich muss jetzt gehen.

Molto gentile e ricercato è:

Ich bitte Sie / dich vielmals um Verzeihung.

Suona molto bene anche l'uso del verbo *verzeihen*:

Könntest du / Können Sie (es) mir verzeihen?

Riuscite a collegare le seguenti espressioni di scuse con il loro significato in italiano?

1. *Das habe ich doch nicht so gemeint*
2. *Das war nicht mein Ernst*
3. *Leider konnte ich es nicht schaffen, es tut mir Leid.*
4. *Es ist voll Schade, aber ich kann nicht kommen.*
5. *Ich bedauere sehr, das gemacht zu haben.*
6. *Ich habe das nicht gewollt.*
7. *Kann ich es wieder gut machen?*

a. Purtroppo non sono riuscito a farlo, mi dispiace.

b. Non volevo.

c. Mi rincresce proprio di averlo fatto.

d. Posso rimediare?

e. Non intendevo questo.

f. Non l'ho fatto con intenzione, seriamente.

g. Davvero un peccato, ma non posso venire.

ACHTUNG!

FEHLERTEUFEL!

VERBI MODALI

Si è già parlato di verbi modali (v. pag. 110). Molto spesso la parte più difficile è tradurli dall'italiano al tedesco: attenzione a non confondervi!

DEVO FARLO

→ È obbligatorio o necessario?
Ich muss es machen.

→ È un consiglio per il mio bene?
Ich soll es machen.

NON DEVO FARLO

- È un divieto?
  Ich darf es nicht machen.
- È un consiglio?
  Ich soll es nicht machen.
- Non è necessario?
  Ich muss es nicht machen.

POSSO FARLO

- Ho il permesso?
  Ich darf es machen.
- Sono capace?
  Ich kann es machen.

NON POSSO FARLO

- Ho il permesso? È vietato?
  Ich darf es nicht machen.
- Sono capace?
  Ich kann es nicht machen.

UNÜBERSETZBARE WÖRTER
MANCHMAL KOMMEN SIE WIEDER...

ESELSBRÜCKE Un trucchetto, di solito una parola o una frase, per ricordarsi più facilmente una regola o un concetto (deriva dal latino *pons asinorum*, «ponte dell'asino», che in filosofia indica figure che permettono di comprendere un concetto complesso). Un buon esempio è la parola *TEKAMOLO* (*TEmporal*, *KAusal*, *MOdal*, *LOkal*) usata per ricordare l'ordine dei complementi nella frase tedesca.

KOPFKINO In italiano si potrebbe tradurre con l'espressione "farsi dei film in testa" (letteralmente «cinema della testa»), una serie di immagini che ci si "proietta" in testa sulla base delle proprie aspettative relativamente a un evento futuro, per esempio un appuntamento galante o un colloquio di lavoro.

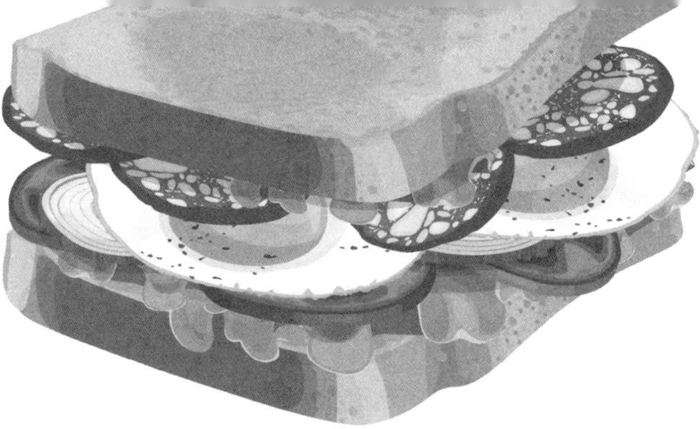

BROTZEIT È il «tempo del pane». Uno spuntino con qualche fetta di pane accompagnato solitamente da burro, salumi o formaggio che costituisce un caposaldo delle abitudini alimentari dei tedeschi. Infatti loro, a differenza degli italiani, non amano mettersi ai fornelli più volte al giorno, soprattutto la sera.

FEIERABEND Questa pensate di saperla… no, non è la serata di festa, per quelle c'è il *Wochenende* (fine settimana). *Feierabend* è tutto quello che inizia quando finite di lavorare il pomeriggio: tornare a casa, dedicarsi alla famiglia e agli affetti, rilassarsi e ricaricare le batterie lontano dall'ufficio.

KUMMERSPECK State vivendo un periodo di ansia, siete pieni di pensieri e sappiamo tutti che il cibo è il miglior alleato nei momenti di stress. Peccato che vi lasci un regalo, un rotolino: la «pancetta delle preoccupazioni».

WIE SAGT MAN AUF DEUTSCH?

RESTAURANT & CO

Se vi è capitato di cercare un ristorante in paesi germanofoni vi sarete sicuramente imbattuti nelle più svariate insegne. Facciamo un po' di chiarezza sui vari termini!

RESTAURANT ristorante (ambiente piuttosto raffinato con molta varietà di menu)

GASTSTÄTTE ristorante, trattoria (ambiente informale con menu piuttosto vario)

(GAST)WIRTSCHAFT

trattoria, osteria (ambiente rustico con menu piuttosto vario)

ATTENZIONE!
QUESTE DEFINIZIONI SONO DA INTENDERSI COME LINEE GUIDA GENERALI: ALCUNI TERMINI POTREBBERO ESSERE USATI IN MODO INTERCAMBIABILE!

GASTHAUS

locanda, osteria (ambiente rustico, prodotti locali, solitamente con possibilità di pernottamento)

GASTHOF

osteria (ambiente rustico, prodotti locali)

WIRTSHAUS

trattoria, taverna (ambiente rustico, prodotti locali, scarsa varietà di menu)

KNEIPE

birreria (ambiente molto informale, più adatto per consumare bevande che pietanze)

DEUTSCH? ENGLISCH? NEIN, DENGLISCH!

Entschuldigung vs. *sorry*: in un caso come questo, i tedeschi stessi riconoscono che la loro lingua può risultare scomoda, e per questo ricorrono spesso all'inglese.

I termini ormai entrati nell'uso comune sono tanti: *das Feedback*, *die Story*, *das Training*, *der Song*.

Spesso l'influenza dell'inglese ha la meglio sulle regole tedesche, come nell'espressione *es macht keinen Sinn*. È una locuzione grammaticalmente scorretta ma ormai diffusa come traduzione dell'inglese *it makes no sense*. Lo sapevate?

A volte, soprattutto in ambito pubblicitario, succede che inglese e tedesco si mescolino e creino frasi "ibride" come *Mitten inside of the eggs: saftige stripes von ham* (nel cuore delle uova: succose fette di prosciutto).

Riuscite a interpretare le seguenti frasi in Denglisch?

1. *Ich war gestern Abend gar nicht im Kino, ich habe einfach bei mir zu Hause* ***gechillt****.*

   ....

2. *Können Sie für uns den Text eventuell auch noch* ***layouten****?*

   ....

3. *Ich habe gar nicht* ***gecheckt****, was du gerade gesagt hast!*

   ....

4. *Das ist aber kein großes Problem. Du kannst es locker* ***managen****, du schaffst es!*

   ....

Deutschland Quiz

GETEILTES DEUTSCHLAND

Il Novecento tedesco è costellato di episodi storici drammatici. Ricordate gli eventi legati alla creazione delle Due Germanie e all'erezione del Muro di Berlino? Mettetevi alla prova con questo quiz!

1. Qual è la denominazione corretta di "Germania dell'est"?

a. Bundesrepublik Deutschland (BRD)
b. Deutsche Demokratische Republik (DDR)
c. Deutsche Sowjetische Republik (DSR)

2. Quali stati si spartirono il territorio tedesco dopo la Seconda guerra mondiale?

a. Francia, Inghilterra, Giappone e URSS
b. Spagna, Francia, USA e URSS
c. USA, Inghilterra, Francia e URSS

3. Quando fu eretto il Muro di Berlino?

a. 13 agosto 1961
b. 9 novembre 1989
c. 3 ottobre 1990

4. Come si chiamava il celeberrimo posto di blocco berlinese tra settore sovietico e statunitense?

a. Checkpoint Rudolph
b. Checkpoint Charlie
c. Checkpoint Charles

5. Quanto era lungo il Muro?

a. 57 km
b. 82 km
c. 106 km

6. Quando fu abbattuto il Muro?

a. 9 novembre 1989
b. 30 gennaio 1989
c. 9 novembre 1991

ZWEITEILIGE KONJUNKTIONEN

Zwei zum Preis von einem!
Due al prezzo di una!
In tedesco ci sono alcune congiunzioni che funzionano solo in coppia: vediamone alcune.

- **NICHT NUR... SONDERN AUCH** → NON SOLO... MA ANCHE
  Lisa spricht nicht nur Englisch, sondern auch sehr gut Französisch.

- **ENTWEDER... ODER** → O... O
  Wir können entweder einen Film anschauen, oder Musik hören.

- **SOWOHL... ALS AUCH** → SIA... SIA
  Markus hat sowohl in München, als auch in Berlin Freunde.

- **WEDER... NOCH** → NÉ... NÉ
  Sie hat viele Allergien: Sie darf weder Honigmelonen, noch Erdbeeren essen.

- **ZWAR... ABER** → SÌ... MA
  Die Wohnung ist zwar klein, aber fein.

- **EINERSEITS... ANDERERSEITS** → DA UNA PARTE... DALL'ALTRA
  Einerseits liebt Eva Konzerte, andererseits kann sie Menschenmassen kaum dulden.

- **JE... DESTO** → PIÙ... PIÙ / MENO... MENO
  Je mehr Sport du treibst, desto fitter wirst du für den Sommer.
  Quest'ultima coppia è un po' diversa dalle altre: la frase introdotta da *je* vuole sempre il verbo in ultima posizione. La frase con *desto* (subito dopo la virgola e seguito dall'aggettivo comparativo) richiede solo l'inversione soggetto-verbo.
  Je schneller wir auf Deutsch sprechen, desto weniger kann Claudia verstehen!

UNGLAUBLICHES ÜBER... DIE UMWELT

La Germania è ai primi posti in Europa per quanto riguarda le energie sostenibili e rinnovabili.

LO SAPEVATE CHE...?

- Esiste una parola, *Energiewende*, che indica il processo intrapreso dalla Germania per abbandonare le vecchie fonti di energia e affidarsi esclusivamente a fotovoltaico, eolico e idroelettrico.
- La raccolta differenziata è stata istituita in Germania negli anni Settanta e intensificata dagli anni Novanta. Dal 2005 è vietato smaltire rifiuti non trattati: per regolare tutto ciò esiste una legge, la *Kreislaufwirtschaftsgesetz*.

- Uno degli ambiziosi obiettivi che la Germania si è data per rispettare l'ambiente è arrivare, entro il 2050, al 60% di elettricità da fonti rinnovabili (*erneubare Energien*). Già nel 2017, quasi il 35% dell'elettricità tedesca è arrivata da fonti di energia rinnovabile!
- La prima autostrada per biciclette del mondo, *Radschnellweg* è stata costruita in Germania: si trova nel cuore della Ruhr ed è lunga (per ora) 21 km.
- I tedeschi riciclano ben il 64% dei rifiuti urbani, ma in Europa producono più spazzatura di tutti, con più di 600 kg all'anno per cittadino!
- Nell'aprile del 2017, eolico, solare, biomasse e idroelettrico hanno generato più dell'80% dell'elettricità consumata dai tedeschi. Un vero record!
- Entro il 2022 è prevista la chiusura di tutte le centrali nucleari presenti in Germania.

WIE SAGT MAN AUF DEUTSCH?

STERBEN

Schiattare, tirare le cuoia, passare a miglior vita…
Ogni lingua ha le sue espressioni idiomatiche per parlare della morte, e magari scherzarci anche su, in modo da sdrammatizzare un po'.
Conoscete quelle tedesche? Provate a collegarle alle traduzioni italiane.

1. *abkratzen*
2. *den Löffel abgeben*
3. *abnippeln*
4. *über den Jordan gehen*
5. *das Zeitliche segnen*
6. *in die Kiste kommen*
7. *die Radieschen von unten anschauen*
8. *ins Gras beißen*
9. *vor die Hunde gehen*

a. andare nella scatola
b. togliere grattando
c. andare prima dei cani
d. guardare i ravanelli dal basso
e. benedire le cose mondane
f. consegnare il cucchiaio
g. sganciarsi
h. camminare sul Giordano
i. mordere l’erba

WER HAT DAS GESAGT?

Germania, patria di filosofi, poeti e grandi pensatori... sentite un po' cos'hanno da dirvi con queste famose citazioni.

Das Amt des Dichters ist nicht das Zeigen der Wege, sondern vor allem das Wecken der Sehnsucht.

Hermann Hesse (1877-1962)

Il compito del poeta non è mostrare la via, ma innanzitutto risvegliare il desiderio.

Ohne Musik wäre alles nichts.

Wolfgang Amadeus Mozart (1756-1791)

Senza la musica ogni cosa sarebbe nulla.

Man lasse den guten Gedanken nur den Plan frei: sie werden kommen.

Arthur Schopenhauer (1788-1860)

Che si lasci spazio per i pensieri buoni: arriveranno.

Einer muss den Frieden beginnen, wie den Krieg.

Stefan Zweig (1881-1942)

Bisogna iniziare la pace, come la guerra.

Wahre Kunst bleibt unvergänglich.

Ludwig van Beethoven (1770-1827)

La vera arte rimane eternamente.

Was ist Zeit? Ein Geheimnis - wesenlos und allmächtig.

Thomas Mann (1875-1955)

Che cosa è il tempo? Un segreto, senza consistenza e onnipotente.

RUND UM DEN SATZ

ADJEKTIV-DEKLINATION

Occupiamoci ora della declinazione **forte**, che si ha quando in cui l'aggettivo NON è preceduto dall'articolo.
Inserite la desinenza corretta (*-e*, *-es*, *-er*, *-em*, o *-en*) con l'aiuto di questa tabella.

	MASCHILE	FEMMINILE	NEUTRO	PLURALE
NOMINATIVO	-ER	-E	-ES	-E
ACCUSATIVO	-EN	-E	-ES	-E
DATIVO	-EM	-ER	-EM	-EN
GENITIVO	-EN	-ER	-EN	-ER

1. *Erfahren...................... Kellner wird gesucht.*
Cercasi cameriere esperto.

2. *Ich mag hell...................... Bier.*
Mi piace la birra chiara.

3. *Klein...................... Kinder singen gern.*
Ai bambini piccoli piace cantare.

4. *Darfst du roh...................... Fisch essen?*
Puoi mangiare il pesce crudo?

5. *Groß...................... Auto für wenig Geld.*
Macchina grande per pochi soldi.

6. *Alt...................... Mann ermordet seine Frau.*
Uomo anziano uccide sua moglie.

7. *Ich sehe bunt...................... Boote.*
Vedo delle barche colorate.

8. *Das ist das Werk berühmt...................... Künstler.*
Questa è l'opera di artisti famosi.

Sich beschweren

ALLES IM GRIFF?

Al lavoro, al ristorante, per strada... Può capitare che qualcosa vada storto e che ci si voglia lamentare di un servizio o del comportamento di qualcuno.

DAS GIBT'S DOCH NICHT!
MA NON È POSSIBILE!

DER/DIE SPINNT (DOCH) TOTAL!
È (COMPLETAMENTE) FUORI DI TESTA!

DAS GEHT (WIRKLICH) NICHT!
NON VA (PROPRIO) BENE!

ES IST UNGLAUBLICH!
È INCREDIBILE!

DAS IST MIR NICHT RECHT!
NON MI STA BENE!

DIESE GESCHICHTE LIEGT MIR SCHWER IM MAGEN!
QUESTA STORIA NON MI VA GIÙ!

SO WAS DÜRFTE NICHT PASSIEREN!
UNA COSA DEL GENERE NON DOVREBBE SUCCEDERE!

DAS HÄTTE ICH IHM/IHR/IHNEN GAR NICHT ZUGETRAUT!
NON L'AVREI CREDUTO/A CAPACE DI UNA COSA SIMILE!

UNGLAUBLICHES ÜBER...

DIE DEUTSCHE NATIONALHYMNE

Sicuramente, in occasione delle corse della Formula Uno o durante i mondiali di calcio, vi è capitato di ascoltare l'inno tedesco. La melodia è imponente e regale, di certo resta nelle orecchie. Ma di cosa parla il famoso *Lied der Deutschen*? Quando e da chi è stato composto?

- Perla dell'orgoglio nazionale, esso è però stato composto... da un austriaco: il viennese Joseph Haydn, nel 1797. E non solo: Joseph Haydn aveva dedicato il suo *Kaiserlied* a Francesco II d'Asburgo, infatti la melodia che oggi conosciamo ha caratterizzato fino al 1918 l'inno dell'impero austro-ungarico.
- Dopo la sconfitta nella Prima guerra mondiale, la Repubblica di Weimar decide di adottare la musica di Haydn (alla quale gli austriaci avevano appena rinunciato) e accompagnarla al testo scritto nel 1841 da August Heinrich Hoffmann von Fallerleben.

- Patriota e autore di canzoni per bambini, von Fallerleben dedica l'inno ai tedeschi: *das Lied der Deutschen* infatti significa «canzone dei tedeschi» (e non della Germania).
- Durante la dittatura di Hitler, quindi tra il 1933 e il 1945, l'inno assume purtroppo connotazioni naziste: il terzo Reich sfrutta infatti il verso *Deutschland, Deutschland über alles* (la Germania sopra a tutto e tutti) per sottolineare la potenza nazista in Europa e fare appello ad antichi confini del regno (*von der Maas bis an die Memel, von der Etsch bis an den Belt*).
- Nel 1952, dopo il divieto imposto dagli Alleati, si decide di tornare al *Lied der Deutschen*, cantando però solo la terza strofa, quella che parla di *Einigkeit und Recht und Freiheit* (unità, giustizia e libertà), i valori condivisi in Europa.
- Nel 1991, in occasione della riunificazione (*Wiedervereinigung*), la terza strofa è stata scelta per essere l'inno ufficiale della Repubblica Federale Tedesca.
- Ancora oggi, cantare la prima strofa in pubblico è visto molto negativamente, in quanto omaggio alla dittatura nazista (anche se ufficialmente non è vietato dalla legge).
- In occasione della festa della donna del 2018 è stato proposto un aggiornamento al passo con le rivendicazioni egualitarie per sostituire *Vaterland* con *Heimatland* e l'aggettivo *brüderlich* (fraterno, in senso maschile) con *couragiert* (coraggioso). La proposta non è stata accolta, ma ha acceso un vivace dibattito pubblico.

WIE SAGT MAN AUF DEUTSCH?

ZAHLEN UND ZÄHLEN

Come ve la cavate con la matematica e le frazioni? Collegate l'espressione con il numero corrispondente.

10 – 7 = 3	EIN DRITTEL
1/3	FÜNF PLUS SECHS GLEICH ELF
3 × 4 = 12	ZWEI FÜNFTEL
3/4	ZEHN MINUS DREI MACHT DREI
2/100	DREI MAL VIER GIBT ZWÖLF
5 + 6 = 11	DREI VIERTEL
27 ÷ 9 = 3	ZWEI HUNDERTSTEL
2/5	SIEBENUNDZWANZIG DURCH NEUN SIND DREI

- La frazione *halb* significa «metà» ed è usata anche come aggettivo: *ein halbes Kilo Zucker.*
- Staccato o attaccato? I numeri in tedesco si scrivono sempre tutti attaccati… sì, anche quando c'è di mezzo *und*: *einundzwanzig, achtundneunzig.*
- Tra le centinaia o le migliaia e le unità o le decine potete scegliere se mettere *und* o no:

  707 → SECHSHUNDERT(UND)SIEBEN.

  Tra centinaia e migliaia invece non c'è mai *und*:

  5800 → FÜNFTAUSENDACHTHUNDERT
- Quando scrivete un numero ordinale (anche le date) la cifra è seguita dal punto. In tedesco solitamente i numeri romani non sono amati! Per creare gli ordinali dovrete aggiungere ***-te*** per i numeri da 1 a 19, ***-ste*** per i numeri dal 20 in poi. Attenzione agli irregolari: *erste – dritte – siebte – achte.*
- Ricordate inoltre che gli ordinali sono degli aggettivi e quindi vanno declinati:

  AM 1. OKTOBER → AM ERSTEN OKTOBER.

  IM 20. JAHRHUNDERT → IM ZWANZIGSTEN JAHRHUNDERT
- Gli anni dal 2000 in poi si leggono come in italiano (2012: *zweitausendzwölf*), mentre quelli precedenti si leggono spezzando il numero in due parti (1992: *neunzehnhundertzweiundneuzig*).

FEHLERTEUFEL!

Come evitare errori nel passaggio dall'italiano al tedesco? Tenete a mente queste semplici frasi che vi mostrano come tradurre **solo**, **se**, **quando** e **molto**!

SOLO

nur → solamente: *Ich habe nur noch 5 Euro!*
Mi sono rimasti solamente 5 euro.

allein → solamente: *Ein sehr teures Outfit... die Kette allein kostet 167 Euro*!
Un outfit molto costoso... solo la collana costa 167 euro!

allein → solo: *Gestern war Martin ganz allein zu Hause*.
Ieri Martin era tutto solo a casa.

bloß → solamente, semplicemente: *Ein Kunstwerk? Das ist bloß ein Bild*. Un'opera d'arte? È solo un disegno.

einzig → unico, solo: *Arzt zu werden, das war sein einziges Ziel*. Diventare medico, quello era il suo solo scopo.

erst → solamente (non prima di): *Sie lernt erst seit einem Jahr Französisch.* Studia il francese solo da un anno.

QUANDO

wann → solo per le domande (dirette o indirette): *Wann hast du Geburtstag?* Quando compi gli anni?
wenn → azioni che si ripetono: *Wenn ich laufen gehe, treffe ich (immer) Noah.*
Quando vado a correre, incontro sempre Noah.
als → azione singola nel passato: *Als Franzi 4 war, lernte sie Ski fahren.* Quando Franzi aveva 4 anni, imparò a sciare.

SE

wenn → se: *Wenn du Lust hast, dann können wir auch in die Disko gehen.*
Se hai voglia, possiamo andare anche in discoteca.
falls → in caso di: *Falls es regnet, nimm einen Regenschirm mit!* Se piove (in caso di pioggia), porta un ombrello!
ob → si usa solo nelle interrogative indirette: *Sie wissen es noch nicht, ob sie zum Konzert kommen (oder nicht).*
Non sanno ancora se vengono (o no) al concerto.

MOLTO

sehr → esprime intensità: *Ich freue mich sehr darauf.*
Sono molto contento per questo.
viel → esprime una quantità: *Susanna schläft viel.*
Susanna dorme molto.

KOMPARATIV UND SUPERLATIV

Scordatevi le regole dell'inglese, numero di sillabe eccetera! In tedesco, per una volta, è tutto semplice: basta aggiungere all'aggettivo il suffisso ***-er***. Esatto, a tutti gli aggettivi! E non dimenticate di declinarli. Sono pur sempre aggettivi.

SCHÖN → SCHÖNER

FREUNDLICH → FREUNDLICHER

Giusto, ci sono alcuni casi di aggettivi irregolari:

GUT → BESSER → AM BESTEN

GERN → LIEBER → AM LIEBSTEN

VIEL → MEHR → AM MEISTEN

HOCH → HÖHER → AM HÖCHSTEN

OFT → ÖFTER → AM HÄUFIGSTEN

Ricordate che gli aggettivi monosillabici con vocale tematica ***a***, ***o***, ***u*** prendono l'Umlaut nel comparativo:

JUNG → JÜNGER

ALT → ÄLTER

GROSS → GRÖSSER

Gli aggettivi che terminano in ***-el***, ***-en***, ***-er*** perdono la ***e***:

SENSIBEL → SENSIBLER

TEUER → TEURER

Per esprimere il paragone si usa la particella *als*:

Max ist sympathischer als Ernst.
Max è più simpatico di Ernst.

I comparativo di minoranza si forma usando *weniger*:

Ernst ist weniger sympathisch als Max.
Ernst è meno simpatico di Max.

Se invece sono entrambi ugualmente simpatici?
Max ist so / genauso sympathisch wie Ernst.

Il superlativo relativo si forma aggiungendo ***-st*** all'aggettivo e l'articolo *der*, *die*, *das* davanti.

Sie ist die begabteste Schriftstellerin Deutschlands.
Lei è la scrittrice più dotata della Germania.

A differenza dell'italiano, non esiste il superlativo assoluto; potete però comporre aggettivi che esprimono lo stesso concetto attaccando due parole tra loro

BELLISSIMO → WUNDERSCHÖN

PICCOLISSIMO → KLITZEKLEIN

Oppure è possibile farsi aiutare da particelle come *ganz* e *sehr* (*ganz schön*, *sehr klein*).

ZUNGENBRECHER

Un modo diabolico per esercitarvi con la pronuncia tedesca (e spaventare i vostri amici) è ripetere questi scioglilingua davanti allo specchio: buon divertimento!

Fischers Fritze fischt frische Fische;
Frische Fische fischt Fischers Fritze.
Il pescatore Fritze pesca pesci freschi;
pesce fresco pesca il pescatore Fritze.

Brautkleid bleibt Brautkleid
und Blaukraut bleibt Blaukraut.
Un abito da sposa resta un abito da sposa
e un cavolo rosso resta un cavolo rosso.

Zehn Ziegen zogen zehn Zentner Zucker zum Zoo.
Dieci capre trascinavano dieci quintali di zucchero allo zoo.

In Ulm, um Ulm und um Ulm herum.
A Ulma, presso Ulma e attorno a Ulma.
(La magia delle preposizioni!)

Schnellsprechsprüche spreche ich schwer schnell.
Difficilmente riesco a dire velocemente i modi di dire da dire velocemente!

Hinter Hermann Hannes Haus hängen hundert Hemden raus, hundert Hemden hängen raus, hinter Hermann Hannes Haus.
Dietro la casa di Hermann Hannes sono appese un centinaio di camicie, un centinaio di camicie sono appese là fuori, dietro la casa di Hermann Hannes.

Flankenkicker Flick
kickt flinke Flanken.
Flinke Flanken kickt
Flankenkicker Flick.
Il centrocampista Flick
compie tiri lesti.
Tiri lesti compie
il centrocampista Flick.

WIE SAGT MAN AUF DEUTSCH?

BEIM ARZT...

SEKRETÄRIN: *Guten Tag! Kann ich Ihnen helfen?*
PATIENT: *Guten Tag! Ich habe einen Termin bei Doktor Lux.*
SEKRETÄRIN: *Um wie viel Uhr?*
PATIENT: *Um 14.30.*
SEKRETÄRIN: *Sind Sie Herr Kerscher?*
PATIENT: *Ja genau.*
SEKRETÄRIN: *Bitte nehmen Sie im Wartesaal Platz, wir werden Sie in einigen Minuten aufrufen.*
PATIENT: *Super, danke schön!*

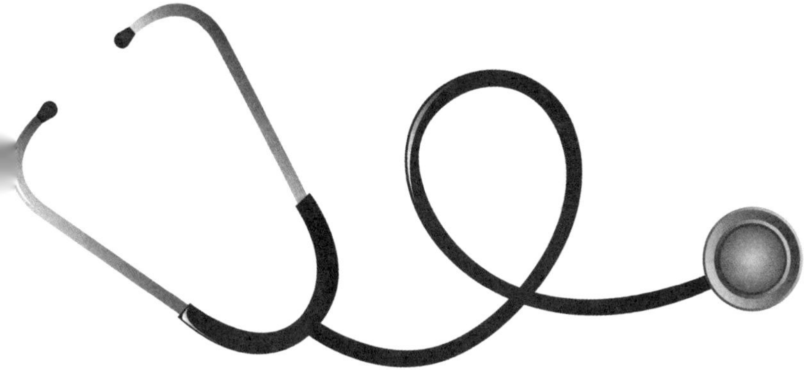

Nel riquadro sono presenti molte parole che potrebbero tornarvi utili nel caso doveste recarvi dal medico. Riuscite a trovarle tutte?

Ö	U	N	T	E	R	S	U	C	H	U	N	G	B	H	I
K	R	A	N	K	E	N	S	C	H	W	E	S	T	E	R
R	E	M	M	I	Z	E	T	R	A	W	R	I	E	A	U
W	T	R	E	T	E	M	O	M	R	E	H	T	R	G	T
A	S	H	I	M	P	F	U	N	G	H	Ö	Z	M	N	K
R	A	B	L	U	T	X	Ö	N	Y	F	T	H	I	I	A
E	I	G	R	E	L	L	A	M	I	G	R	Ä	N	E	R
B	G	X	S	C	H	W	I	N	D	E	L	I	G	S	F
E	I	T	Ü	R	H	U	S	T	E	N	L	V	C	E	Q
I	F	S	P	C	I	N	F	A	R	K	T	J	Ö	N	W
F	T	Ü	S	O	N	N	E	N	B	R	A	N	D	P	Ü

VORSILBEN

Le cosiddette *Vorsilben* (o *Präfixe*) che troviamo in molti verbi tedeschi possono aiutarci a esprimere meglio un concetto.

Hast du heute ausgeschlafen?
Sei riuscito a dormire abbastanza oggi?

In questo caso viene chiesto all'interlocutore se ha avuto la possibilità di dormire quanto voleva, ovvero senza bisogno di impostare la sveglia. Geniale, eh?
Riconoscendo i significati dei prefissi sarà più facile capire il significato dei verbi e anche riuscire a utilizzarli correttamente.

TRENNBARE VORSILBEN (PREFISSI SEPARABILI)

AB da (qualcosa che si stacca): *abgeben*, consegnare

AN ci si avvicina o ci si rivolge a qualcuno o qualcosa: *anbieten*, offrire

AUF su, verso l'esterno: *aufmachen*, aprire

MIT con, insieme a qualcuno: *mitmachen*, collaborare

VOR davanti, di fronte a qualcuno / prima: *vorlesen*, leggere ad alta voce

WEG via: *wegnehmen*, portare via

ZU verso l'interno / in aggiunta: *zunehmen*, prendere peso, ingrassare

UNTRENNBARE VORSILBEN (PREFISSI INSEPARABILI)

ENT separazione di qualcosa da qualcos'altro *entdecken*, scoprire

ER l'azione viene portata a compimento, lo scopo viene raggiunto: *erschiessen*, uccidere sparando

VER rendere qualcosa in un certo modo (di solito il verbo deriva da un aggettivo): *verschönern*, abbellire

ATTENZIONE!

Alcuni prefissi possono essere sia separabili (quando il significato è metaforico) sia inseparabili (quando il significato è letterale):

DURCH dall'inizio alla fine, completamente / attraverso: *durchlesen*, leggere tutto

UM cambio, sostituzione / intorno: *umziehen*, trasferirsi, cambiare casa

Ora provate a collegare ciascuna frase con la sua traduzione.

1. *Nachdem er das Projekt vorgestellt hat, ist er weggegangen*
2. *Ich ziehe nach Berlin um, weil ich mein Deutsch verbessern möchte.*
3. *Wir wollen das nur noch betonen, bevor wir euch entlassen.*
4. *Mach bitte dein Buch zu und heb deinen Stift auf!*
5. *Sie sollen diese Geräte entfernen, oder zumindest ausschalten!*

a. Vogliamo solo sottolineare ancora questa cosa, prima di lasciarvi andare.

b. Devono allontanare questi apparecchi, o per lo meno spegnerli!

c. Chiudi il libro e tira su la tua penna, per favore!

d. Dopo aver presentato il progetto è andato via.

e. Mi trasferisco a Berlino perché voglio migliorare il mio tedesco.

WIEDER WAS GELERNT!

ETWA LITERATUR

Sapete chi è il Dante tedesco?
Esatto, il celebre Johann Wolfgang von Goethe.
Completate il testo alle pagina 184-185 con le seguenti parole per conoscerlo meglio.

Held

pessimistische

Natur **Roman**

Schriftsteller

Jura

Frau

Theater

Sturm

Familie

Goethe wurde 1749 in Frankfurt geboren. Seine wohlhabende ...., und besonders seine junge Mutter, unterstützte ihn bei seinen frühen Begabungen: Kunst, ..., Fremdsprachen und noch vieles mehr. Er studierte .... in Leipzig und reiste viel. Durch seinen ständigen Liebeskummer und den Austausch mit Schriftstellern und Philosophen entwickelte er eine tiefe und meistens .... Weltanschauung, die er in seinen Werken ausdrückte: aus diesem Grund wird er als wichtigster Vertreter des .... und Drang betrachtet. Goethe starb 1832 in Weimar.

"Die Leiden des jungen Werthers" ist der ...., der ihn zum Ruhm brachte. Der Protagonist, Werther, verliebt sich in eine ...., die aber bereits verlobt ist. In der Gesellschaft findet er auch keinen Platz, weil er aus einer bürgerlichen Familie stammt. Die .... spiegelt zunächst die Liebe und Begeisterung und dann die Leiden und Enttäuschungen dieses Jungen wider. Werther gilt daher romantischer .... und inspirierte den italienischen .... Ugo Foscolo zu seinen Werk "Die letzten Briefe des Jacopo Ortis".

Adesso provate a individuare, tra quelle elencate di seguito, quattro opere scritte da Goethe.

NATHAN DER WEISE

PROMETHEUS

WILHELM TELL

DIE HARZREISE

IPHIGENIE AUF TAURIS

FAUST

DAS BROT

WILHELM MEISTERS WANDERJAHRE

FALSCHE FREUNDE

Quando si studia una lingua è importante guardarsi dai nemici... ma ancora di più dai falsi amici!

1. *Elfriede geht ins .... und lädt Markus zu einem .... ein.*

2. *Das Lager* in tedesco significa «magazzino, campo». Il campo di concentramento si chiama invece ***das Konzentrationslager***.

3. Siete sicuri di abitare in un ***Palast***? A meno che non siate eredi segreti di Franz Joseph, forse abitate in una ....

4. ***Das Thema*** è il tema, l'argomento.
Quale parola indica invece il tema scolastico, il componimento scritto?

....

5. *Auf dem Land gibt es viele **Enten**!*
Ma come, in campagna ci sono tanti enti e uffici?
No, ...

6. *Elisa trinkt gerade ein **kaltes** Bier.*
Cosa beve Elisa? Una birra calda?

....

7. *Die Tour von Bruce Springsteen wird **bis** September dauern.*
Bruce Springsteen non farà il bis del tour a settembre,
ma ....

SAG ES MAL ANDERS!

Gut oder schlecht, schön oder hässlich... sapete dare qualche sfumatura in più ai vostri aggettivi? Provate a completare questo cruciverba grazie all'aiuto delle lettere già inserite.

1. *froh, begeistert, freudestrahlend*
2. *schlecht im Sinne von perfide, boshaft*
3. *vergeblich, ohne positives Ergebnis*
4. *erfolgreich, effektiv, effizient*
5. *hervorragend, exzellent*
6. *sehr böse*
7. *beispielhaft, korrekt, moralisch*
8. *angenehm, erfreulich*
9. *niedergeschlagen, schwermütig*
10. *zuvorkommend, hilfsbereit*
11. *unliebsam, negativ, unfreundlich*
12. *nachteilig, ungesund, hemmend*

Avete trovato la parola nascosta in verticale? Ecco la definizione: *Sehr sehr schlecht, total desaströs, entsetzlich, tragisch...*

			1		L	Ü			L	I		H						
				2			S		R	T								
					3	N				L		S						
4	F	R					B											
					5		U				Z	E		C				T
				6	B		T			R		Ö	S					
					7	V					L	D	L					
						8	W		H	L								
					9	D			R		M							
							10			L	F			I	C			
					11	U	N			G		N		H				
		12	S				D		I		H							

ANDERE LÄNDER, ANDERE... SCHULEN

Sapevate che...

- Ogni *Bundesland* ha un proprio sistema scolastico, per cui, per esempio, l'obbligo di istruzione arriva fino a 15 o 16 anni a seconda del *Land*.
- Prendere 1 è il sogno di ogni studente: la scala dei voti è al contrario rispetto all'Italia!

1.0	≥ 95%	*sehr gut*	molto bene
1.3	≥ 90%	*sehr gut*	molto bene
1.7	≥ 85%	*gut*	bene
2.0	≥ 80%	*gut*	bene
2.3	≥ 75%	*gut*	bene
2.7	≥ 70%	*befriedigend*	soddisfacente
3.0	≥ 65%	*befriedigend*	soddisfacente
3.3	≥ 60%	*befriedigend*	soddisfacente
3.7	≥ 55%	*ausreichend*	sufficiente
4.0	≥ 50%	*ausreichend*	sufficiente
5.0	≤ 50%	*nicht ausreichend*	non sufficiente

- Il liceo (*Gymnasium*) dura ben 8 o 9 anni e vi si accede solo con una media di voti alta.
- La *Realschule* dura 6 anni e corrisponde all'incirca ai nostri istituti tecnici.
- La *Hauptschule* dura 5 o 6 anni e assomiglia ai nostri istituti professionali.
- Esistono *Ausbildung* (corsi professionalizzanti retribuiti della durata di 2 o 3 anni) per qualsiasi tipo di mestiere, perfino per chi vuole fare il comico!

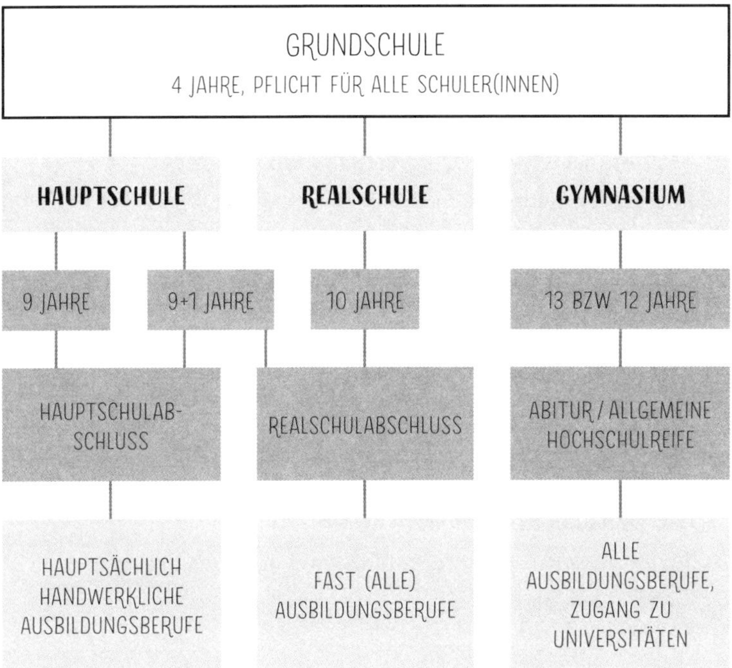

UNTERWEGS IN DER SCHWEIZ

Quanto conoscete la Svizzera? Mettetevi alla prova completando questo *Kreuzworträtsel* (cruciverba).

SENKRECHT

1. *Der Berg, den man in Italien "Cervino" nennt.*
2. *Ein berühmter und erfolgreicher Tennisspieler aus der Schweiz.*
4. *Eine der berühmtesten Schokolademarken.*
6. *Es gibt in der Schweiz mehr als 450 Sorten davon.*
7. *Die teuerste Stadt Europas.*

WAAGERECHT

3. *Die Hauptstadt der Schweiz.*
5. *Eine internationale Organisation, die sich um Gesundheit und den Schutz des Lebens kümmert.*
8. *In der Schweiz spricht man Deutsch, Italienisch und...*
9. *Die Schweiz hat 26...*

1
2
3
4
5
6
7
8
9

RUND UM DEN SATZ

DOCH

DIESES UNBEKANNTE WÖRTCHEN

Imparando una lingua, si fa più fatica quando non si trova corrispondenza con la propria lingua madre. Nel parlato, poi, capita spesso che alcune interiezioni sfuggano alla nostra comprensione.
È il caso, per esempio, della parola *doch*. Quando si usa?

- Quando vogliamo rispondere a una domanda negativa e far capire all'interlocutore che si sta sbagliando.

Hast du keinen Hunger?
Non hai fame?

***Doch**! Gehen wir eine Pizza essen?*
Sì che ho fame / Sì, eccome! Andiamo a mangiare una pizza?

- Quando constatiamo che quanto detto in precedenza non corrisponde al vero.

*Ich habe dein Buch dabei, warte... **Doch** nicht: Ich habe es vergessen!*
Ho qui il tuo libro, aspetta... **Anzi** no: l'ho dimenticato!

- Quando ci stupiamo nel sentir dire dall'interlocutore qualcosa di diverso da quanto pensiamo e cerchiamo delucidazioni.

*Du wolltest **doch** mitkommen, oder?*
Mica volevi venire anche tu? / Non volevi **mica** venire anche tu?

- Quando vogliamo sottolineare che ciò che succede non corrisponde a quanto ci saremmo aspettati.

Ich habe den ganzen Tag gearbeitet.
***Doch** jetzt bin* ich *gar nicht müde.*
Ho lavorato tutto il giorno.
Eppure ora non sono per niente stanco.

Come potete notare, pur esprimendo sempre un'idea in contrasto con quella precedente, questa parolina può rivelarsi insidiosa, perché assume sfumature di significato diverse a seconda del contesto.

RIASSUMENDO...

Possiamo tradurre *doch* con:
- sì che... / sì certo (che)... / e come no...;
- anzi;
- mica;
- eppure.

Danke

ALLES IM GRIFF?

Volete provare a sorprendere i vostri interlocutori
e ad andare oltre al banale *Danke*?
Partendo dalla base, ecco come completare i ringraziamenti.

– Con un nome all'accusativo:

  Danke für die Blumen!
  Grazie per i fiori!

  Danke für Ihr Verständnis!
  Grazie per la sua comprensione!

– Con un verbo sostantivato (ovvero con l'iniziale maiuscola e con articolo neutro davanti):

  Danke fürs Kommen!
  Grazie per essere venuti!

Ovviamente potete aggiungere delle espressioni per rendere più caloroso il vostro grazie:

Danke schön für alles!

Vielen dank!

Danke sehr!

Vielen herzlichen dank!

Danke vielmals!

Danke im voraus!
(Grazie in anticipo)

Esistono anche due verbi che significano «ringraziare».
Fate attenzione a come si costruisce la frase!

- *Jemandem für etwas **danken***:

  Ich danke dir für deine Hilfe.
  Ti ringrazio per il tuo aiuto.

- *Sich bei jemandem für etwas **bedanken***:

  Ich bedanke mich bei dir für deine Unterstützung.
  Ti ringrazio per il tuo supporto.

MAIUSCOLO O MINUSCOLO?

Entrambe le versioni sono accettate:

Du musst ihm Danke sagen!
Devi dirgli grazie!

Ich möchte Laura danke sagen.
Vorrei dire grazie a Laura.

WIE SAGT MAN AUF DEUTSCH?
QUIZ

Fare un po' di ginnastica non guasta mai… soprattutto se è ginnastica linguistica!

1. *Große Begeisterung, Hobby.*
   A T D S E I H E C F L N

2. *Geschmackvoll, fein, sehr gut.*
   R E K L E C

3. *Arbeit oder Übungen, die die Schüler zu Hause machen müssen.*
   B E S A N H U A U G A F

4. *Gegenstand zum Kühlen oder Frischhalten von Lebensmitteln.*

R H S N K A H L K C Ü

5. *Ankommen und wieder abfahren – das passiert am...*

F O H N A B H

6. *Ehemann deiner Schwester.*

W E C R G H A S

7. *Windjacke mit Kapuze.*

K A R A N O

8. *Beliebtes italienisches Urlaubsziel vieler Deutschen und Menschen aus Nordeuropa.*

R E A D S E A G

9. *Brett oder Schrank für die Aufbewahrung von Büchern.*

R A L E G H E B C Ü R

10. *Partizip von fliegen.*

L E G N O F E G

BEIM BÄCKER

Quella del pane in Germania è una tradizione molto consolidata e... colorata! Infatti non esiste solo il pane bianco: i panettieri si sbizzarriscono creando mix di farine integrali, semi e sapori quasi esotici per il palato del Belpaese.

In nessun posto al mondo esistono tante tipologie di pane diverse come in Germania: se ne contano più di 300!

Per questo motivo, dal 2004 la cultura della panificazione tedesca compare nella lista dei beni immateriali dell'Unesco, sia per le tradizioni culinarie e le tecnologie che la accompagnano, sia per il rito sociale che mangiare il pane in compagnia rappresenta.

Il pane è spessissimo spalmato di salse, creme e soprattutto burro: pensate che c'è addirittura un detto che ne parla! *Für ein Butterbrot zu haben sein* significa che qualcosa è molto economico, a buon mercato... proprio così comune e conveniente come il pane con il burro.

Ecco le principali tipologie di pane che potete trovare:

- **Weizenbrot**: il pane di frumento, spesso contiene anche piccole quantità di latte o zucchero. Insomma, il classico pane bianco.
- **Roggenbrot**: il pane di segale, un classico della tavola tedesca, dal caratteristico colore scuro. Proprio per questo viene anche chiamato **Schwarzbrot**.

- **Mischbrot**: è preparato mescolando farina bianca e farina di segale

- **Vollkornbrot**: è il pane integrale.
- **Knäckebrot**: come si capisce dal nome onomatopeico, è un pane croccante, una sorta di cracker spesso prodotto con farine integrali e dal tipico colore marrone scuro.
- Amatissimi e molto hipster tutti i vari **Spezialbrot**: il *Pumpernickel* (compatto e umido, senza crosta, di forma quadrata), *Kartoffelbrot* (con l'aggiunta di patate), *Sojabrot*, *Rosinenbrot* (con l'uva passa), *Dinkelbrot* (con il farro), *Kürbisbrot* (con la zucca), *Kleiebrot* (con la crusca), *Leinsamenbrot* (con i semi di lino), *Nussbrot* (di noci), *Sonnenblumenbrot* (con i semi di girasole), *Maisbrot*.
- Nel banco delle *Bäckerei* troverete poi *Semmelbrot* (panino, la rosetta), *Rundstück* (panini tondi e dorati), e ovviamente i *Brezeln* anche nella variante di *Laugenbrezeln*, oltre ai tantissimi tipi di dolci, torte e brioche.

Insomma, ce n'è davvero per tutti i gusti!

DAS LEBEN IST EINE METAPHER

Avete presente quando facciamo dei paragoni per rendere un concetto più chiaro?

> Sei dolce come il miele!
> *Du bist süß wie Honig*!

Oppure esageriamo per rendere meglio l'idea?

> Te l'ho già spiegato mille volte!
> *Ich habe es dir schon tausendmal erklärt*!

In tedesco potete esprimere concetti complessi con una sola parola. Provate a collegare le parole della pagina successiva al loro corrispettivo in italiano.

1. *Schneckentempo*
2. *totlachen / kaputtlachen*
3. *seidenglatt*
4. *eiskalt*
5. *blitzschnell*
6. *steinreich*
7. *todmüde*
8. *hammerhart / steinhart*
9. *haarscharf*
10. *kristallklar*

a. veloce come un lampo
b. per un pelo
c. duro come il marmo / come una pietra
d. morire dal ridere
e. velocità di lumaca
f. cristallino
g. ricco sfondato
h. liscio come la seta
i. stanco morto
j. freddo gelido

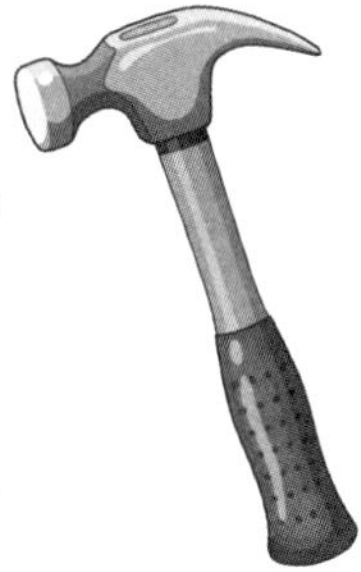

Non sempre le espressioni combaciano con quelle italiane: "ricco sfondato", per esempio, letteralmente è «ricco da pietra», poiché un tempo solo i più ricchi potevano permettersi una casa di pietra.
Altri non hanno un corrispettivo italiano, come *lupenrein*: così pulito che non si vede lo sporco nemmeno con la lente d'ingrandimento (*Lupe*).
Con i colori è tutto più facile: Provate a completare queste parole composte con i nomi dei colori adeguati:

tinten..............................

himmel..............................

rubin..............................

sonnen..............................

schnee..............................

RUND UM DEN SATZ

WO BIST DU?

Con le preposizioni indicate alle pagine 52-53 e 180-181 potete esprimere un sacco di movimenti o di stati diversi, e per farlo potete usare questi verbi (sempre accompagnati, a seconda della situazione, da accusativo o dativo).

Wo? Stato (dativo)	**Wohin?** Moto / spostamento (accusativo)
hängen (essere appeso) *Das Poster hängt an der Wand.* Il poster è appeso sul muro.	**hängen** (appendere) *Ich hänge das Poster an die Wand.* Appendo il poster sul muro.
liegen (giacere) *Die Katze liegt auf dem Sofa.* Il gatto giace sul divano.	**(sich) legen** (mettersi / mettere a giacere) *Die Katze legt sich auf das Sofa.* Il gatto si mette sul divano. *Ich lege den Kissen auf das Bett.* Metto il cuscino sul letto.

sitzen (sedere)	**(sich) setzen** (sedersi)
Der Opa sitzt auf dem Sessel. Il nonno è seduto sulla poltrona.	*Der Opa setzt sich auf den Sessel.* Il nonno si siede sulla poltrona. *Ich setze das Kind auf den Hochstuhl.* Metto il bambino seduto sul seggiolone.
stehen (stare in piedi, verticalmente) *Die Lampe steht neben dem Tisch.* La lampada è di fianco al tavolo.	**(sich) stellen** (mettersi / mettere) *Ich stelle die Lampe neben den Tisch.* Metto la lampada di fianco al tavolo. *Ich stelle mich neben dich.* Mi metto accanto a te.

UMGANGSPRACHE

Die Jugendsprache

Ogni generazione ha il proprio vocabolario, che ovviamente sta al passo coi tempi. Come comunicano i giovani tedeschi di oggi? Provate a rispondere alle seguenti domande per veri *insider*!

1. *Was bedeutet Smombie?*
   a. *Eine Bombe, die in einem Smartphone versteckt ist.*
   b. *Eine Mutter, die sehr viel Zeit a. Smartphone verbringt (Smartphone + mom).*
   c. *Jemand, der von seiner Umwelt nichts mehr mitbekommt, weil er nur auf sein Smartphone starrt (Smartphone + Zombie).*

2. *Was macht einer, der merkelt?*
   a. *Der trifft keine Entscheidung.*
   b. *Der merkt immer alles.*
   c. *Der merkt sich immer alles.*

3. *Was steht für "Nickerchen machen und dabei einen Film laufen lassen"?*
   a. *Filmnickern (Zusammensetzung aus Film und Nickerchen machen).*
   b. *Napflixen (Zusammensetzung aus nap und Netflix).*
   c. *Schläflixen (Zusammensetzung aus schlafen und Netflix).*

4. *Was bedeutet Tindergarten?*
   a. *Freizeitzentrum für Teenagers.*
   b. *Kindergarten für tolle Kinder.*
   c. *Sammlung von Onlinedating-Kontakten.*

5. *Was macht einer, der tackt?*
   a. *Der hackt Telefone und Smartphones (Zusammensetzung aus Telefon und hacken).*
   b. *Der schickt Nachrichten, während er auf dem Klo sitzt (Zusammensetzung aus texten und kacken).*
   c. *Der schubst jemanden.*

6. *Wofür steht GEGE?*
   a. *Good game (gut gemacht).*
   b. *Gerne, gerne.*
   c. *Gotta go (muss gehen).*

7. *Was bedeutet lit?*
   a. *Krank.*
   b. *Limonade.*
   c. *Sehr cool.*

WIE SAGT MAN AUF DEUTSCH?

UNTERWEGS

Spostarsi nei Paesi germanofoni è facile, veloce, affidabile e... abbastanza costoso!
Viaggiare in auto si rivela economico, soprattutto in Germania dove le autostrade sono gratuite. In Svizzera e in Austria è necessario acquistare un contrassegno (*Vignette)* che può essere annuale, mensile o valido per 10 giorni, lo sapevate?
I servizi autostradali sono minori: l'illuminazione è assente, le stazioni di servizio in stile Autogrill ridotte.
Eppure la manutenzione risulta sempre impeccabile e sono presenti aree di sosta attrezzate per picnic.
Prima di mettersi in viaggio, però, meglio ripassare qualche termine utile per non rischiare di perdersi per strada... sia sui mezzi che al volante.

B	U	S	H	A	L	T	E	S	T	E	L	L	E
F	H	S	I	E	L	G	G	M	Q	G	B	X	D
A	N	I	Z	T	R	H	A	F	K	C	Ü	R	T
H	B	S	N	A	G	X	R	P	S	G	L	D	D
R	S	N	T	F	U	B	L	B	U	N	L	D	Q
K	G	S	L	A	A	T	A	Z	X	B	V	G	X
A	F	L	U	H	T	H	O	M	Y	K	P	N	L
R	R	O	N	L	N	I	R	B	Y	V	T	P	J
T	P	H	H	W	H	Q	O	T	A	Y	L	L	J
E	O	J	J	O	L	C	Y	N	N	H	A	B	U
F	N	K	V	K	T	Q	S	Y	X	L	N	T	J
G	Y	P	Y	P	P	U	Q	N	Z	L	R	R	Y
Z	V	D	Z	Z	M	Z	A	D	A	W	M	Q	P

ANSCHLUSS
AUTOBAHN
AUTOHOF
BAHNHOF
BUSHALTESTELLE
FAHRKARTE
GLEIS
HINFAHRT
RÜCKFAHRT
S-BAHN
STATION
U-BAHN
ZUG

Siete riusciti a trovare tutte le parole? E allora... *los geht's*!

ACHTUNG!

FEHLERTEUFEL!

Voglio andare a casa... la casa dov'è? Ma soprattutto... come si dice in tedesco? Ok, *das Haus*, ma state attenti...

- ***zu Hause*** o ***zuhause***: stato in luogo.
  Ich bin krank und bleibe heute zu Hause.
  Sono malato e oggi resto a casa.

- ***das Zuhause***: la casa, intesa come dimora, luogo di *Geborgenheit* (sicurezza e intimità).
  Sie hat ein gemütliches Zuhause.
  La sua casa è proprio accogliente.

- ***nach Hause*** o ***nachhause***: direzione, moto a luogo.
  Er ist müde und möchte jetzt nach Hause gehen.
  È stanco e vuole andare a casa.

- ***von zu Hause*** o ***von zuhause***: indica la provenienza.
  Ich komme gerade von zuhause.
  Arrivo ora da casa.

- ***daheim***: ha lo stesso significato di *zu Hause*, a casa.
  È particolarmente usato al sud.
  Daheim ist daheim!
  Nulla è come a casa!

- ***das Daheim***: con l'iniziale maiuscola, ha lo stesso significato di *das Zuhause*.

- ***zu / nach Haus***... con o senza *e*?
  Entrambe le varianti sono accettate!

- Attaccato o staccato?
  È possibile scrivere *zuhause* o *zu Hause*, *nachhause* o *nach Hause*. Attenzione, però: quando *Zuhause* è un sostantivo («l'abitazione») va scritto attaccato e con l'iniziale maiuscola!

E a proposito di casa: la patria dei tedeschi è ***die Heimat***, e indica la propria origine, il posto dove si è nati e cresciuti. Esiste anche la parola ***das Vaterland***, che significa «nazione, madrepatria» e implica connotazioni anche emotive (curioso come in tedesco sia "padrepatria")!

Gefühle ausdrücken

ALLES IM GRIFF?

Se è vero che i tedeschi sono solitamente restii a mostrare apertamente i propri sentimenti, ciò non significa che non li manifestino affatto!

Imparate le seguenti espressioni e ricordate: anche se inizialmente i tedeschi possono sembrarvi freddi, se li conquistate state certi di aver trovato amici sinceri e leali!

ICH LIEBE DICH
TI AMO

ICH HABE DICH LIEB
TI VOGLIO BENE

ICH MAG DICH GERNE
TI VOGLIO BENE / MI PIACI

ICH HABE DICH GERNE
TI VOGLIO BENE / PROVO AFFETTO PER TE

SCHÖN, DASS ES DICH GIBT!
MENO MALE CHE CI SEI TU!

SCHÖN, DASS DU DA BIST!
SONO CONTENTO CHE TU SIA QUI! / È BELLO VEDERTI!

DU BIST EIN SCHATZ!
SEI UN TESORO!

ICH FREUE MICH AUF DICH!
NON VEDO L'ORA DI VEDERTI!

DU BIST MIR WICHTIG
SEI IMPORTANTE PER ME

ICH BIN VERLIEBT IN DICH
SONO INNAMORATO DI TE

FÜR DICH WÜRDE ICH ALLES TUN
FAREI DI TUTTO PER TE

KEINER / KEINE IST WIE DU
COME TE NON C'È NESSUNO

RUND UM DEN SATZ

KOMMAREGELN

In tedesco la virgola è una cosa molto seria, e ci sono precise indicazioni per usarla.

- **Non** si usa la virgola quando due frasi principali sono collegate con *und* o *oder.*

  Ich wollte ins Zentrum und Martin wollte wandern gehen.
  Io volevo andare in centro e Martin voleva andare in montagna.

- Si usa **sempre** la virgola tra la frase principale e la frase secondaria (causale, temporale, relativa, condizionale, finale, modale, interrogativa indiretta...). Ricordatelo, è molto importante!

  Er sagt, dass Maria auch kommen wird.
  Dice che verrà anche Maria.

  Ich weiß nicht, ob wir schon Tickets haben oder nicht.
  Non so se abbiamo già i biglietti o no.

  Der Mann, der gerade telefoniert, ist mein Onkel.
  L'uomo che sta telefonando è mio zio.

- Nelle frasi secondarie con l'infinito e *zu*, la virgola non è sempre obbligatoria. Per evitare fraintendimenti, è consigliabile comunque usarla.

  Lukas probiert (,) die Weihnachtslieder auswendig zu lernen.
  Lukas tenta di imparare a memoria i canti di Natale.

  Quando la frase con *zu* è introdotta da *um*, *statt*, *ohne*, la virgola è obbligatoria.

  Sie lernt, um die Prüfung zu bestehen.
  Studia per superare l'esame.

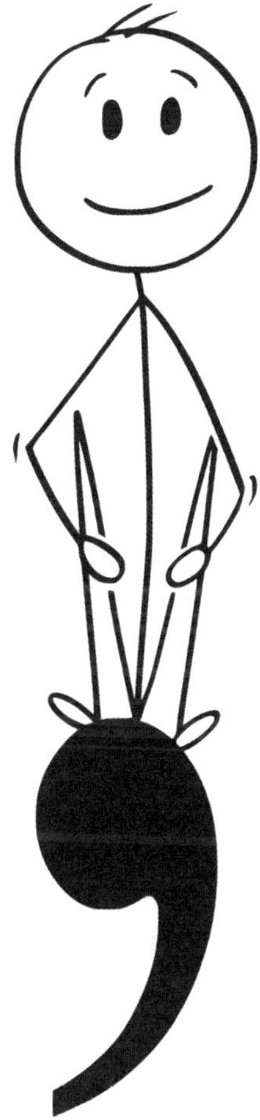

- Si mette sempre la virgola prima di espressioni di contrapposizione come *aber*, *sondern*, *jedoch*, *doch*, *vielmehr*.

  Es ist sehr kalt, aber wir machen trotzdem ein Picknick.
  Fa molto freddo ma facciamo lo stesso il picnic.

- Le indicazioni che spiegano qualcosa sono sempre precedute dalla virgola (*d.h.*, *und zwar*, *z.B.*, *wie*, *nämlich*).

  Meine Oma ist sehr alt, und zwar schon 98 Jahre alt!
  Mia nonna è molto anziana, infatti ha già 98 anni!

UNGLAUBLICHES ÜBER...

Das Bier

In vino veritas. In Bier ist auch so was.

Il birrificio (*Brauerei*) più vecchio del mondo? È in Germania, ovviamente, ed è ancora in attività. A Weihenstephan, in Baviera, nel 1040 il monastero di Santo Stefano iniziò ad allargare la produzione della birra, prima destinata solo ai monaci. Oggi è possibile visitare la fabbrica e degustare le 12 varietà di birra prodotte.

Austria e Germania sono nella top 5 nella classifica dei consumatori di birra al mondo, con più di 100 litri all'anno per persona... il record spetta alla Franconia, in Baviera: ben 300 litri pro capite!

Ein Prosit der Gemütlichkeit: il famoso ritornello dell'Oktoberfest si canta per brindare all'allegria e allo stare insieme.

In Germania la birra è una cosa talmente seria da essere citata nella costituzione: il *Reinheitsgebot*, «decreto della purezza», emanato in Baviera nel 1516 dice che acqua, orzo e luppolo sono i soli ingredienti per produrre birra (a quel tempo, frumento e segale servivano per produrre il pane). Ancora oggi questo editto è menzionato su numerose etichette di birra tedesca.

Non chiedete mai una birra piccola! Vi guarderanno storto, e inoltre non è facile trovare birre da 0,3 litri. Godetevi un bel *Maßkrug* strapieno, il celebre boccale di vetro da un litro. I più antichi (di terracotta) si chiudevano con un coperchio, *Zinndeckel*, per impedire agli insetti di tuffarsi nella birra e sporcarne la schiuma (*Bierkrone*). In Germania ogni locale ha un suo *Bierdeckel* siglato, il sottobicchiere di cartone.

Esiste una birra particolarmente ricca di malto e con bassa gradazione alcolica (1.4%) chiamata *Nährbier*, «birra nutriente», bevuta in passato dalle balie o dalle madri che allattavano.

In Germania, soprattutto al sud, ogni paesino produce la sua birra e ne va molto orgoglioso. Il birrificio più piccolo del mondo misura appena 2 metri quadrati e si trova a Koepenick, un quartiere di Berlino.

Le birre tedesche più famose? La Lager, a bassa fermentazione e freschissima, che comprende stili come la Pils, la Bock (rossiccia) o la Märzen (tipica dell'Oktoberfest). Troviamo poi la *Weizenbier*, o *Weißbier*, la birra di frumento (*Weizen*) con una schiuma particolarmente bianca (*weiß*). A Colonia troverete la *Kölsch*, leggera e servita nei tipici vassoi rotondi (*Kränze*) con 16 miniboccali alti e stretti. Da ricordare le *Rauch*, prodotte con malti affumicati (*Rauch* significa «fumo»).

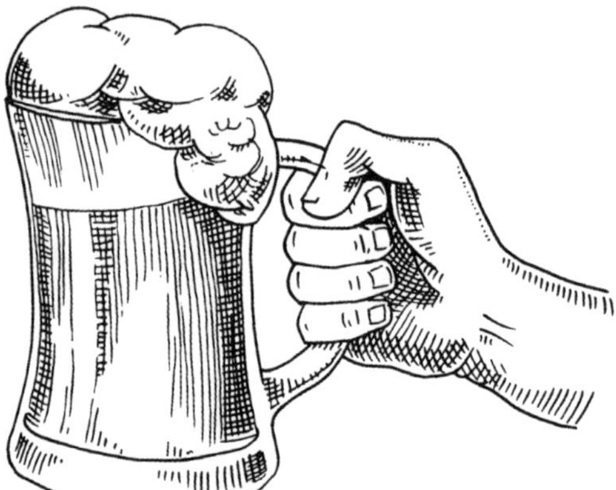

Insomma... *Hätt' Adam deutsches Bier besessen, hätt' er den Apfel nie gegessen!* (Se Adamo avesse avuto una birra tedesca, non avrebbe mai mangiato la mela!)

Schimpfwörter

ALLES IM GRIFF?

Come si fa a insultare un tedesco? I tedeschi sono meno creativi degli italiani, utilizzano meno parolacce e hanno meno variabili: forse per maggiore senso del pudore? Oppure riescono a controllarsi maggiormente quando monta la rabbia?
Senza indagare troppo nella psiche d'Oltralpe, ecco qualche linea guida per iniziare a creare nomi da affibbiare a chi proprio non vi va giù!

Tutto gira attorno… agli escrementi.
I termini sessuali sono solamente osceni, non offensivi come in italiano.

Scheiße! (Merda!)
Ein Scheiß…, zum Beispiel ein Scheißfilm (un / una … di merda, per esempio: un film di merda)
Scheißkerl, Arschloch (stronzo)
Ein Stück Scheiße (un pezzo di merda)
Verpiss dich (vaffa…!)
Mist (lett. «letame»; *so ein Mist* = che schifo, che sfiga, che rabbia)

Ci sono poi insulti che in una discussione accesa in italiano farebbero sorridere, ma che sono presi molto più sul serio in tedesco:

Blöd, Blödmann
(stupido, imbecille)
Idiot, Depp, Trottel, Vollidiot
(cretino, idiota)
Dumm
(stupido)
Dummkopf
(lett. «testa stupida»: testa di rapa, scemo)

Anche il diavolo (*der Teufel*) e l'inferno (*die Hölle*) incutono un certo timore.

Was zur Hölle...
(ma che diavolo... per esempio *Was zur Hölle machst du da?*, Ma che diavolo stai facendo?)
Geh zum Teufel! (vai al diavolo!)
Zum Teufel mit... (al diavolo... per esempio *Zum Teufel mit dieser Prüfung!*, Al diavolo questo esame!)
Verdammt! / Verflucht!
(maledizione! maledetto!)

Un'altra espressione usatissima per esprimere stupore, arrabbiatura o spavento è *Mensch* oppure *Mann*... esatto, «uomo»! L'avevamo detto che i tedeschi sono moderati con le parolacce...

Mensch, es regnet unglaublich viel!
Mamma mia / cavoli, sta piovendo un sacco!

Mann, ist das schön!
Mamma mia, ma quanto è bello?

Tedeschi e austriaci sono un po' più "avari" degli italiani nell'uso di parolacce e insulti: usateli con moderazione!

MIT ODER OHNE BE-? DAS IST DIE FRAGE

Vi sarete accorti che spesso in tedesco si trovano due versioni dello stesso verbo, con o senza ***be-*** davanti. Dove sta la differenza?

Per alcuni di questi verbi, con o senza *be-* il significato resta identico. Quello che cambia è il complemento che segue: il prefisso *be-* rende i verbi transitivi, ovvero seguiti da un oggetto diretto (accusativo).

ACCUSATIVO	PREPOSIZIONI o DATIVO
befolgen: Ich befolge die Regeln	folgen: Ich folge dem Trend
bezahlen: Ich bezahle das Bier	zahlen: Ich zahle für das Bier
beantworten: Ich beantworte die Frage	antworten: Ich antworte auf die Frage

Lo stesso vale per:

kämpfen → bekämpfen

achten → beachten

hindern → behindern

merken → bemerken

danken → bedanken

nennen → benennen

freien → befreien

Ci sono invece altri verbi che grazie al prefisso *be-* cambiano completamente significato:

stehen (stare) → **bestehen** (esistere, insistere su)

schreiben (scrivere) → **beschreiben** (descrivere)

deuten (indicare) → **bedeuten** (significare)

suchen (cercare) → **besuchen** (visitare)

zeichnen (disegnare) → **bezeichnen** (definire)

geben (dare) → **sich begeben** (accadere e recarsi/andare)

steuern (guidare, pilotare) → **besteuern** (tassare)

UNÜBERSETZBARE WÖRTER
MANCHMAL KOMMEN SIE WIEDER...

Pensavate che le parole intraducibili fossero solo una manciata? Invece no! Ce ne sono ancora...

GEBORGENHEIT Una parola davvero complicata da spiegare. *Geborgen* significa «sentirsi al sicuro, a casa», insomma, tranquilli e protetti. Il sostantivo che ne deriva significa quindi «sicurezza nell'intimità».

OHRWURM Il «verme nell'orecchio». Un motivo o una canzone che rimane in testa (spesso anche in modo fastidioso, come se fosse, appunto, un verme nell'orecchio) perché facilmente orecchiabile.

TREPPENWITZ Significa «la battuta delle scale», ovvero quella risposta geniale che avreste dovuto usare durante la discussione o quella frase efficace per fare colpo sugli altri ospiti che vi viene in mente troppo tardi, quando ormai siete sulle scale per tornare a casa.

GEISTERFAHRER L'«autista fantasma», cioè colui che guida dalla parte sbagliata della carreggiata, contromano.

VERSCHLIMMBESSERN C'è un piccolo danno al telecomando e voi, cercando di aggiustarlo, lo mettete definitivamente KO? Peggiorare qualcosa nel tentativo di sistemarlo, *ver-schlimm-bessern*.

ACHTUNG!

FEHLERTEUFEL!

VOR ODER AUS?

La causa di un'azione si indica con la preposizione ***wegen*** (a causa di) + genitivo.

Wegen des Wetters wurde der Flug verschoben.
A causa del maltempo il volo è stato ritardato.

Anche le preposizioni ***vor*** e ***aus*** esprimono la causa: entrambe significano «per». Ma quando usare *vor* e quando *aus*? Purtroppo non c'è una regola valida al 100%... Ci sono però due tendenze.

- **Aus** La causa è controllata dal vostro volere e l'azione conseguente è più o meno "determinata":

  Ich wollte aus Neugier in diesem Restaurant essen.
  (per curiosità).

Aus Langeweile isst Daniela immer viel (per noia).

Aus eigener Erfahrung weiß ich, dass Philipp unberechenbar ist! (per esperienza).

- **Vor** La causa è involontaria, e conduce ad azioni incontrollate e dettate dalle emozioni:

  Wir zitterten die ganze Zeit vor Kälte (dal freddo).

  Malina errötet jedes Mal vor Verlegenheit (per l'imbarazzo).

  Laura schrie vor lauter Begeisterung: Sie hatte die Prüfung bestanden! (per l'entusiasmo).

  Vor Eifersucht / Hass / Wut blind sein (essere accecato dalla gelosia / dall'odio / dall'ira).

- Per alcune emozioni, a seconda del contesto, si possono usare sia *vor* sia *aus*:

Angst

- *Aus Angst möchte ich keine Hunde streicheln!*
  Per paura ho deciso che è meglio non farlo!
- *Vor Angst habe ich Gänsehaut gekriegt!*
  Non ho deciso di avere la pelle d'oca!

Freude

- *Aus Freude an der Musik lernt Jules den ganzen Nachmittag.*
  La musica è per Jules fonte di gioia: decide di studiare tutto il pomeriggio.
- *Vor Freude wollte Lukas tanzen.*
  Dalla gioia Lukas voleva ballare.

UNTERWEGS IN ÖSTERREICH

Pur essendo l'*Hochdeutsch* (il tedesco standard) la lingua ufficiale, in Austria si utilizzano alcune parole che sono solo austriache. No, non stiamo parlando di dialetti, ma della lingua vera e propria! La maggior parte riguarda il lessico legato al cibo e alla cucina...

die Kartoffel → *der Erdapfel* (patate)
die Aprikose → *die Marille* (albicocche)
die Tomate → *der Paradeiser* (pomodori)
die Aubergine → *die Melanzani* (melanzane)
der Quark → *der Topfen* (formaggio / ricotta)
das Hörnchen → *das Kipferl* (cornetto)
der Blumenkohl → *der Karfiol* (cavolfiore)
die Schlagsahne → *das Schlagobers* (panna)
das Hackfleisch → *das Faschierte* (carne trita)
die Johannisbeere → *die Ribisel* (ribes)
der Eierkuchen → *die Palatschinke* (omelette)
die Brotzeit → *die Jause* (spuntino di pane e formaggio)

Ma ci sono anche altre parole che cambiano oltrepassando il confine.

Januar → *Jänner*
Februar → *Feber*
das Kissen → *das / der Polster* (cuscino)
die Tüte → *das Sackerl* (sacchetto per la spesa)
der Schrank → *der Kasten* (armadio)
die Treppe → *die Stiege* (scale)
das Abitur → *die Matura* (maturità)
das Krankenhaus → *das Spital* (ospedale)
der Rentner → *der Pensionist* (pensionato)
der Kuss → *das Bussi* (bacio)
der Geldautomat → *der Bankomat* (bancomat)

Deutschland Quiz
DEUTSCHE FILME

Pensate che il cinema sia solo americano? Vi sbagliate! La Germania è la patria di tantissimi film indimenticabili. Mettetevi alla prova con questo quiz!

1. Come si chiama il film che ha consacrato l'attrice Marlene Dietrich?

a. Testimone d'accusa (Witness for the Prosecution)

b. L'angelo azzurro (Der Blaue Engel)

c. Fulminati (Manpower)

2. Il film *Good bye, Lenin!* di Wolfgang Becker del 2003 ha come tema un momento preciso della storia tedesca: quale?

a. Il periodo dell'unificazione delle due Germanie.

b. L'età di Bismarck.

c. La Repubblica di Weimar.

3. *Metropolis* di Fritz Lang, film muto del 1927, è un capolavoro del cinema...

a. neorealista

b. espressionista

c. d'animazione

4. In quale film di questi film di Quentin Tarantino recita l'attore tedesco Daniel Brühl?

a. Pulp Fiction

b. Django unchained

c. Inglourious Basterds

5. Quale importante riconoscimento ha vinto nel 2017 l'attrice tedesca Diane Krüger?

a. Il premio come miglior attrice al Festival di Cannes.

b. L'Oscar come miglior attrice non protagonista.

c. Il Leone d'Oro come migliore attrice.

WAS FÜR EINE SCHRÄGE SPRACHE!

In tedesco ci sono alcune espressioni davvero curiose, per non dire un po' matte! Scopritele tutte.

Conoscete un personaggio non proprio ordinario? In tedesco non è "fuori come un balcone", ma "gli mancano delle tazze nella credenza": *nicht alle Tassen im Schrank haben.*

Dove va Elise in vacanza? *Sie fährt nach Balkonien...* no, non sta andando nei Balcani ma resta a casa sua, al massimo sul balcone (*der Balkon*).

A proposito di vacanze, quando fa molto caldo in Germania («Quando?» direte voi...) si può *Hitzefrei haben / bekommen*, ovvero ricevere un giorno libero per il clima rovente.

La *Blaue Brief* non è una lettera dei Puffi (*Schlümpfe*), ma una missiva nella quale viene comunicata una cattiva notizia, come una bocciatura o un licenziamento.

Quanti giorni sono 2 settimane? Per i tedeschi *vierzehn Tage*, per gli italiani quindici giorni.

Helikoptermutter... una mamma volante? No, è una mamma chioccia, iperprotettiva, che come un elicottero sorvola incessantemente ciò che deve controllare.

WIE SAGT MAN AUF DEUTSCH?
SCHULE

Ich heiße Markus und bin an meinem letzten Jahr im Gymnasium, das heißt ich werde bald Abitur haben. Wir müssen uns im Unterricht gut vorbereiten. Darum machen wir mittlerweile viele Hausaufgaben und viele Prüfungen. Seitdem ich im Kindergarten bin, träume ich von einer Karriere als Arzt und meine Lehrer sagen auch, dass ich viele Kenntnisse habe und geeignet bin, Medizin zu studieren. Ich freue mich schon auf mein Studium, weil ich auch Wahlfächer haben werde. Ich weiß, dass der Weg lang ist und dass ich schwierige Kurse sowie Fortbildungen für mein ganzes Leben lang besuchen werde. Dennoch glaube ich die Fähigkeiten zu haben, ein qualifizierter Arzt zu werden. Ich hoffe auch, dass ich ein Stipendium bekomme, damit mich meine Eltern leichter unterstützen können.

R	O	P	X	O	I	G	Y	M	N	A	S	I	U	M	X	G	I	C	L	W	M	S
Z	R	X	Q	J	K	K	N	N	F	S	F	Ä	H	I	G	K	E	I	T	C	F	G
E	Q	H	R	T	K	U	A	W	Z	I	F	O	R	T	B	I	L	D	U	N	G	G
L	K	G	U	K	P	F	Q	X	X	V	Z	P	R	Ü	F	U	N	G	R	M	P	S
G	A	G	T	E	K	U	X	J	R	B	M	C	B	Z	H	H	H	B	G	S	K	J
U	R	B	Q	N	C	O	C	J	J	O	R	B	T	K	D	S	Z	S	G	Q	U	B
C	R	U	W	N	Q	U	A	L	I	F	I	Z	I	E	R	T	I	K	P	H	P	M
I	I	E	K	T	S	S	J	H	X	X	I	P	X	V	M	K	D	G	G	U	C	T
H	E	S	U	N	T	O	V	L	P	W	O	V	P	H	W	Q	F	D	T	N	I	Z
U	R	D	R	I	X	O	G	P	E	A	K	Y	K	A	P	V	W	F	I	T	A	C
S	E	I	S	S	T	T	S	R	K	H	U	L	G	U	N	H	X	R	K	E	X	Y
S	G	K	S	G	F	Q	T	Q	J	L	Y	F	D	S	N	I	F	K	C	R	P	N
D	R	L	R	A	A	R	I	Y	Y	F	E	Z	U	A	B	L	R	I	S	R	P	G
J	S	Y	I	B	Y	E	P	N	A	A	H	T	G	U	S	O	J	N	Y	I	I	Q
L	T	K	C	I	T	X	E	V	Y	C	I	E	Y	F	M	G	H	D	J	C	S	B
D	U	O	J	T	U	N	N	V	O	H	S	O	A	G	O	N	J	E	N	H	O	J
N	D	E	T	U	B	G	D	B	F	H	E	E	T	A	M	X	R	R	V	T	B	J
R	I	Q	P	R	M	C	I	S	U	R	T	A	G	B	T	O	V	G	Q	K	C	B
G	U	L	K	V	K	N	U	H	I	U	U	A	T	E	H	S	E	A	T	T	Y	F
Y	M	W	W	W	S	R	M	M	L	I	M	Q	W	B	A	A	X	R	B	K	F	O
P	K	M	K	P	T	F	F	W	E	D	O	C	N	G	E	D	L	T	X	T	X	C
S	I	G	E	E	I	G	N	E	T	X	J	Z	G	E	F	T	V	E	G	Y	B	I
Q	M	U	G	R	Y	K	S	R	O	B	Q	E	X	M	Q	B	K	N	Q	Z	O	H

Riuscite a trovare le 16 parole associate all'ambito della scuola e della formazione che abbiamo estrapolato dal testo? *Viel Spaß!*

RUND UM DEN SATZ

NOMEN-VERB-VERBINDUNGEN

Ci sono verbi che, per esprimere determinati concetti, vengono abbinati a sostantivi ben precisi.
Riuscite a risalire al significato delle *Nomen-Verb-Verbindungen* più importanti?

1. *jemanden zum Weinen / Lachen bringen*
2. *Freundschaft schließen*
3. *einen Blick werfen*
4. *Selbstmord begehen*
5. *ein Gespräch führen*
6. *an die Arbeit gehen*
7. *eine Rede halten*
8. *Bescheid sagen / wissen*
9. *sich Gedanken / Sorgen machen über etwas*
10. *sich Mühe geben*
11. *Rücksicht nehmen auf jemanden*
12. *unter Druck stehen / setzten*
13. *zur Verfügung stehen / stellen*
14. *Frieden stiften*
15. *eine Entscheidung treffen*

a. Essere / mettere sotto pressione

b. Avere un colloquio

c. Darsi da fare

d. Ristabilire la pace

e. Avere riguardo verso qualcuno

f. Preoccuparsi per qualcosa

g. Prendere una decisione

h. Far piangere / ridere qualcuno

i. Suicidarsi

j. Tenere un discorso

k. Far sapere / essere a conoscenza

l. Stringere amicizia

m. Mettersi al lavoro

n. Essere / mettere a disposizione

o. Dare un'occhiata

STUDENTEN ALLER LÄNDER, VEREINIGT EUCH!

Non siete certo i primi che si cimentano con lo studio del tedesco, e non sarete gli ultimi che avranno problemi con questa lingua! Mark Twain, scrittore statunitense (1835-1910), nel suo *About the German language* ne ha dette di tutti i colori!

Some German words are so long that they have a perspective. These things are not words, they are alphabetical processions.
Alcune parole tedesche sono così lunghe da avere una prospettiva. Non sono parole: sono processioni alfabetiche.

I would rather decline two drinks than one German adjective.
Preferirei declinare l'invito a due drink piuttosto che declinare un aggettivo tedesco.

In German, a young lady has no sex, while a turnip has. Think what overwrought reverence that shows for the turnip, and what callous disrespect for the girl.
In tedesco, una giovane ragazza (*das Mädchen*) non ha sesso, mentre una rapa (*die Rübe*) sì. Pensate a quale esagerata riverenza nei confronti della rapa, e quale insensibile mancanza di rispetto per la ragazza.

SOLUZIONI E TRADUZIONI

Wie sagt man auf Deutsch? Tiere, pp. 8-9
Der Hund bellt; die Katze miaut; der Löwe brüllt; der Wolf heult; die Biene summt; die Taube girrt; das Schwein grunzt; die Kuh muht; das Pferd wiehert; die Maus piepst.

Rund um den Satz. Die unregelmäßigen Verben, pp. 16-17
1. 1g; 2b; 3d; 4f; 5a; 6h; 7c; 8e.
2. a. *schreinern* (non è irregolare); b. *bergen* (al *Perfekt* ha il prefisso *ge-*);
   c. *gleiten* (è l'unico che non si riferisce al cibo... ma *kauen* è l'unico regolare!);
   d. *verloren* (è un participio passato).
3. a. *schreiben – schrieb – geschrieben*; *steigen – stieg – gestiegen*
   b. *springen – sprang – gesprungen*; *trinken – trank – getrunken*
   c. *nehmen – nahm – genommen*; *treffen – traf – getroffen*
   d. *fliegen – flog – geflogen*; *verlieren – verlor – verloren*
   e. *sehen – sah – gesehen*; *geben – gab – gegeben.*
3. a. *gesehen*; b. *fiel*; c. *gebeten*; d. *gezwungen.*

Wie sagt man auf Deutsch? Kalender, pp. 20-21
Wochentage: Montag, Dienstag, Mittwoch, Donnerstag, Freitag, Samstag, Sonntag.
Monate: Januar, Februar, März, April, Mai, Juni, Juli, August, September, Oktober, November, Dezember.
Jahreszeiten: Frühling, Sommer, Herbst, Winter.

Deutschland Quiz. Kennt Ihr die Bundesländer Deutschlands?, pp. 22-23
1. c (*Hamburg, Hessen, Baden-Württemberg, Niedersachsen, Bayern, Berlin, Brandenburg, Bremen, Mecklenburg-Vorpommern, Nordrhein-Westfalen, Rheinland-Pfalz, Saarland, Sachsen, Sachsen-Anhalt, Schleswig-Holstein, Thüringen*).
2. b.
3. a.
4. b.
5. c.

Andere Länder, andere... Sprüche! Deutsche Sprüche und Redewendungen, pp. 24-25

1. 1d; 2e; 3f; 4g; 5h; 6a; 7i; 8c; 9b.
2. 1. Ogni inizio è difficile (ma non smettete di provarci, perché chi ben comincia è a metà dell'opera!). 2. Letteralmente, «il pesce inizia a puzzare dalla testa»: quando c'è qualcosa che non va, le responsabilità sono di chi sta in alto. 3. Una coscienza pulita è un morbido cuscino... il sonno dei giusti! 4. La vita non è tutta rose e fiori, non è una passeggiata. Letteralmente, «la vita non è la fattoria dei pony»! 5. Senza diligenza non si ottiene nulla.

Rund um den Satz. Sein oder haben?, pp. 26-27

1. haben; 2. seid; 3. bin; 4. hast; 5. hat; 6. haben; 7. bin; 8. hat; 9. sind; 10. habt.

Traduzioni:

1. Ieri abbiamo visto un bel film.
2. Siete rimasti ancora molto?
3. Non sono mai andato a Napoli in aereo.
4. Ti sei già cambiato?
5. Ha conosciuto suo marito in vacanza.
6. Hanno sempre avuto due cani.
7. Sono arrivato troppo tardi?
8. Tobias è dimagrito molto ultimamente.
9. Ieri siamo andati al cinema.
10. Cosa avete mangiato alla festa?

Einkaufen gehen. Alles im griff? pp. 28-31

BMHGKLSETI**NETTO**ZAQPOLMIVBUHN**REWE**HCOVORIJIBI**ALDI**SIVZIPQ-MESYTAK**EDEKA**GRADAFATAVUWEDS**NORMA**UEMSINARAZATOPIFLIDLRA-SACUTLO**PENNY**ZARWMUCAJISVERX**GLOBUS**TFSEOPE**REAL**VOUYSHJMXU-NITIVA**KAUFLAND**RAZITOLBENIKOPRAWICK

Traduzione del dialogo:

Commessa: Le serve un sacchetto?
Cliente: Sì, due, per favore. / No, grazie.

Cliente: Posso pagare con carta di credito?
Commessa: Sì, certo. / No, mi dispiace, accettiamo solo contanti o bancomat.

Commessa: Le serve lo scontrino?
Cliente: Sì, per favore. / No, grazie, non mi serve.

Wie Spät ist es? Alles im griff? pp. 32-33

a. 17.45; b. 13.45; c. 16.05; d. 11.30; e. 15.20.

Wie sagt man auf Deutsch? Berufe, pp. 34-35

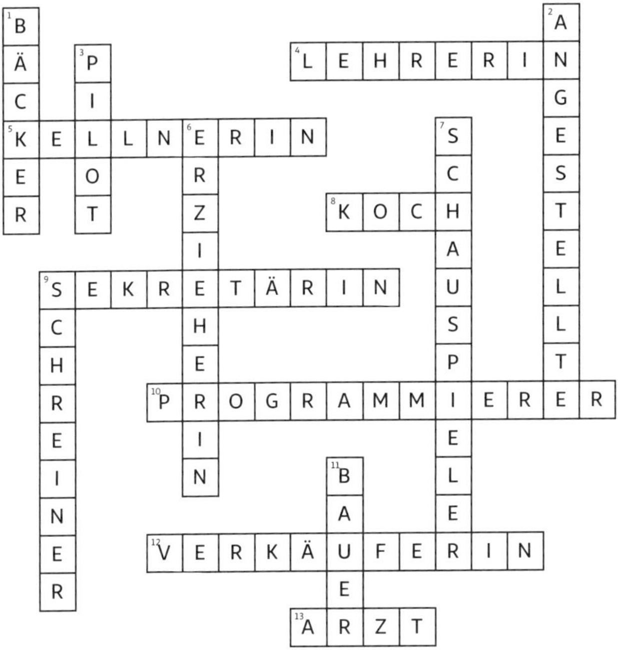

Traduzioni delle definizioni:

Orizzontali

4. Lavora a scuola.
5. Lavora al ristorante.
8. Lavora in mensa.
9. Lavora in ufficio.
10. Lavora al computer.
12. Lavora al supermercato.
13. Lavora in ospedale.

Verticali

1. Lavora al panificio.
2. Lavora in banca.
3. Lavora all'aeroporto.

6. Lavora all'asilo.
7. Lavora a teatro e per la televisione.
9. Lavora in officina col legno.
11. Lavora in campagna.

Wieder was gelernt! Die deutsche Musik, pp. 44-45
1c (*99 Luftballons*); 2d (*Du hast*); 3a (*Atemlos durch die Nacht*); 4e (*Mensch*); 5b (*Der Kommissar*).

Traduzioni delle canzoni:
1. Hai un po' di tempo per me / Allora canto una canzone per te / Di 99 palloncini / In cammino verso l'orizzonte
2. Tu / Tu hai / Tu mi hai / Tu mi hai / Tu mi hai chiesto / Tu mi hai chiesto / Tu mi hai chiesto e io non ho detto nulla
3. Senza fiato per tutta la notte / Fino al risveglio di un nuovo giorno / Senza fiato fuori di qua / I tuoi occhi mi spogliano / Senza fiato per tutta la notte / Senti cosa fa di noi l'amore!
4. E l'uomo si chiama uomo / Perché dimentica / Perché reprime / E perché spasima e tempra / Perché scalda quando racconta
5. «Non voltarti, oh oh oh / Guarda, guarda, c'è in giro / il Commissario! Oh oh oh / Ti guarderà / E tu sai perché / La voglia di vivere ti uccide» / Tutto chiaro, signor Commissario?

Falsche Freunde, pp. 46-47
1. strano (comico: *lustig*); 2. borsa di studio (stipendio: *das Gehalt*); 3. sogno (trauma: *das Trauma*); 4. grossolano, volgare (ordinario: *gewöhnlich*); 5. succedere (passare: *vorbeigehen*); 6. appuntamento (termine: *die Frist*); 7. peperoni (peperoncino: *die Peperoni*).

Wie sagt man auf Deutsch? Quiz, pp. 48-49
1. *Rügen*; 2. *Weihnachten*; 3. *Schriftsteller*; 4. *Autobahn*; 5. *Gesellschaft*; 6. *Miete*; 7. *Russland*; 8. *Beispiel*; 9. *Topf*; 10. *Schere*.

Verrückt nach deutschen Autos, pp. 50-51
Porsche; Porsche; Volkswagen; Volkswagen; Porsche; Volkswagen; Audi; Mercedes; Audi; Audi; Porsche; BMW.

Traduzione:
La Porsche ha sede a Zuffenhausen, vicino a Stoccarda e produce soprattutto auto sportive. La ditta fu fondata nel 1931 da Ferdinand Porsche, diventato famoso per il suo progetto del Maggiolino Volkswagen.
La parola Volkswagen significa «auto del popolo»: Hitler infatti aveva

incaricato l'ingegnere Ferdinand Porsche di disegnare un'auto piccola, pratica ed economica. Il risultato fu il successo mondiale del Maggiolino. Oggi la Volkswagen, nata ad Hannover nel 1937, è una delle aziende automobilistiche più note nel mondo e comprende anche Audi, Seat, Skoda, Bentley, Lamborghini e Bugatti.
La casa automobilistica tedesca Daimler-Motoren-Gesellschaft cominciò a chiamare le sue automobili "Mercedes" nel 1902 e, quando si fuse con la Benz&Co, nacque il nuovo gruppo Mercedes Benz. Il suo stemma, una stella a tre punte, è famosa in tutto il mondo. Le tre punte simboleggiano la mobilità in terra, in acqua e in aria. La sua sede è a Stoccarda.
Audi fu fondata da August Horch nel 1909 a Zwickau (Sassonia). Oggi la sua sede si trova a Ingolstadt. Il nome Audi è la traduzione latina di *höre* o *horch*, che significa «ascolta». Negli anni Ottanta la ditta fu guidata da Ferdinand Piech (nipote di Ferdinand Porsche) che con la sua intuizione della trazione integrale portò l'azienda al successo.
Monaco è sede della BMW, acronimo di *Bayrische Motoren Werke*, Fabbrica Bavarese di Motori. Quando nacque, la ditta produceva principalmente aeroplani. Per questo il logo è un'elica con i colori della Baviera: blu e bianco.

Rund um den Satz. Präpositionen, pp. 52-53
1. 1. *im*; 2. *in*; 3. *am*; 4. *am, bis*; 5. *seit*; 6. *zu*; 7. *um*; 8. *ins*; 9. *in*; 10. *zum.*
2. 1f; 2d; 3a; 4h; 5c; 6e; 7b; 8g.

Wie sagt man auf Deutsch? Die Nationalitäten, pp. 60-63
1. Japaner – Japanerin; 2. Schotte – Schottin; 3. Kroate – Kroatin;
4. Italiener – Italienerin; 5. Russe – Russin; 6. Argentinier – Argentinierin;
7. Slowene – Slowenin; 8. Tunesier – Tunesierin; 9. Ire – Irin;
10. Schwede – Schwedin; 11. Däne – Dänin; 12. Schweizer – Schweizerin;
13. Chinese – Chinesin; 14. Franzose – Französin; 15. Deutsche – Deutsche;
16. Pole – Polin; 17. Ungar – Ungarin; 18. Grieche – Griechin.

Europa – ***Europäisch***; Afrika – Afrikanisch; Asien – Asiatisch; Amerika - Amerikanisch; (USA = Die Vereinigten Staaten); Australien – Australisch.

Rund um den Satz. Gross oder klein?, pp. 68-69
Sehr geehrte Frau Kainz, ich möchte Sie morgen Nachmittag nach dem Wandern zu Kaffee und Kuchen einladen. Ein paar Freunde werden auch da sein. Viele Grüße (Gentile Signora Kainz, vorrei invitarla per un caffè e una fetta di torta domani pomeriggio dopo la camminata. Verranno anche alcuni amici. Tanti saluti).

Wie sagt man auf Deutsch? Fußball, pp. 72-73

1. *Der Mittelfeldspieler* (centrocampista); *der Torwart* (portiere); *der Verteidiger* (difensore); *der Trainer* (allenatore).
2. b; c.
3. *ein Tor schießen* – fare goal; *das Stadion* – lo stadio; *die Eckfahne* – la bandierina; *angreifen* – attaccare; *der Elfmeter* – calcio di rigore; *die Niederlage* – la sconfitta; *der Sieg* – la vittoria; *die erste Bundesliga* – la serie A.

Achtung Fehlerteufel!, pp. 80-81

1. *Ich esse Pizza, Pasta und auch Eis* (*also* = quindi, allora / *auch* = anche); 2. *Brad Pitt ist ein Freund von George Clooney* (*Der Freund* = il fidanzato / *ein Freund von* = un amico di); 3. *Deine Wohnung ist ein Durcheinander, du könntest zumindest* oppure *wenigstens in der Küche aufräumen*! (*zumindestens* non esiste, è solo la fusione delle due varianti che significano «almeno»); 4. *Ich habe den gleichen Pullover!* (*dasselbe*, scritto attaccato, significa che avete proprio lo stesso capo, non un capo uguale!); 5. *Ich glaube, das ist total falsch* (*dass* introduce una secondaria oggettiva, *das* = questo); 6. *Sie will nach Hause gehen* (*zu Hause* = stato in luogo, *sie will zu Hause bleiben*); 7. *An der Uni gibt es viele ausländische Studenten* (*der Schüler* = lo studente di elementari, medie o superiori); 8. *Mir ist kalt* (significa «ho freddo»); 9. *Richard möchte Astronaut werden* (*bekommen* = ricevere / *werden* = diventare).

Wie sagt man auf Deutsch? Die Kleidung, pp. 82-83

Die Hose: pantaloni; *die Krawatte*: cravatta; *der Rock*: gonna; *die Schuhe*: scarpe; *der Anzug*: completo da uomo; *das Hemd* : camicia; *die Bluse*: camicetta da donna; *die Stiefel*: stivali; *die Jeans*: jeans; *das Kleid*: vestito; *die Sonnenbrille*: occhiali da sole; *der Mantel*: cappotto; *die Jacke*: giacca; *das T-Shirt*: maglietta; *das Sommerkleid*: vestito estivo; *das Top*: top; *die Handschuhe*: guanti; *die Turnschuhe*: scarpe da tennis; *der Strumpf*: calze; *der Schal*: sciarpa/scialle; *der Hut*: cappello; *die kurze Hose / die Shorts*: pantaloncini; *die Mütze*: berretto; *der Badeanzug*: costume da bagno; *der Pullover*: maglione; *die Socken*: calzino; *die Unterwäsche (die passt zu jeder Jahreszeit!)*: biancheria intima (va bene per ogni stagione!).

Andere Länder, andere... Feiertage, pp. 84-85

Traduzioni delle definizioni:

Orizzontali

5. Il terzo giorno di questo mese si celebra l'unità tedesca.
6. Il giorno prima di Capodanno.
9. Questa festa rappresenta la fine del periodo natalizio.

Verticali

1. Ci si traveste e si fanno scherzi.
2. Il 1 Novembre.
3. Ciò che noi chiamiamo "Pasquetta".
4. *Zweiter Weihnachtstag* in italiano.
7. La parola tedesca per "Pentecoste".

8. Quel giorno arriva Gesù Bambino o babbo Natale.
10. Il venerdì prima di Pasqua.

Wieder was gelernt! Kunst, pp. 88-89
1b; 2c; 3a; 4a; 5b; 6c.

Wie sagt man auf Deutsch? Quiz, pp. 96-97
1. *Nachbar*; 2. *Gießkanne*; 3. *Schmetterlinge*; 4. *Wasserhahn*; 5. *Pfingsten*; 6. *Steuermann*; 7. *Gabäude*; 8. *Schritt*; 9. *Ausnahme*; 10. *Überraschung*.

Unterwegs in Österreich, pp. 100-101
1. R; 2. b; 3. F, *Salzburg*; 4. c; 5. *Almabtrieb*; 6. a; 7. b; 8. R, *fast 62%!*

Traduzione:
1. L'Austria ha meno abitanti della Lombardia.
2. Il famoso cane poliziotto di Vienna si chiama...
3. Mozart è nato a Vienna.
4. Il *Krampus* è una maschera di carnevale / una specie di stambecco delle Alpi / l'aiutante cattivo di San Nicola.
5. Alla fine dell'estate gli animali (mucche, capre o pecore) devono abbandonare gli alpeggi. Come si chiama questa tradizione austriaca?
6. La *Wienerschnitzel* tipica è di vitello / maiale / manzo.
7. Un austriaco molto amato a Hollywood si chiama Arnold Schwarzenegger.
8. Le Alpi occupano quasi due terzi della superficie dell'Austria.

Rund um den Satz. Adjektivdeklination, pp. 102-103
1. neuen; 2. großen; 3. blaue; 4. blonde; 5. älteren; 6. schönen; 7. letzte; 8. kleinen.

Falsche Freunde, pp. 104-105
2. *der Wettbewerb;* 4. *der Koch*; 5. *der Arzt*; 6. *auf Wiedersehen* (più formale) / *Tschüss* (meno formale); 7. *die Sünde*; 8. *die Unterschrift*.

Wie sagt man auf Deutsch? Torte oder Kuchen?, pp. 106-107
Traduzione:
«Quando una torta si chiama *Torte*?»
«Quando è piena di crema!»
«Uhm, anche la *Bienenstich* lo è».
«Ah già, deve essere anche rotonda, naturalmente».
«Sì, come la *Linzertorte*, no? Peccato che non abbia la crema!»
«Ah, questi austriaci, fanno diventare il garzone del fornaio (*Brötchenjungen*) un mastro fornaio (*Herr Backrat*)».

«Allora la *Sachertorte* è un *Kuchen*?»
«*Sacherkuchen*? Ma per piacere! La Sacher è a tal punto una delizia da essere praticamente crema al 100%».
«Tarte Tatin... una *Torte*? Chocolate Mud Cake... un *Kuchen*?»
«Beh, francesi e americani hanno risolto bene con i nomi. Volevi sapere come deve essere una *Torte*, secondo me... Dunque: perfettamente tonda e considerevolmente alta, meravigliosamente cremosa e proprio, proprio buona. Così buona che vorresti mangiarla col cucchiaio direttamente dal piatto».
«Ok, mi hai convinto. Quando è pronta?»

Andere Länder, andere... Hobbys, pp. 108-109
NATUR / SPORT: *Gartenarbeit* (giardinaggio);*Fitnessstudio* (palestra); *wandern* (camminare in montagna); *joggen* (andare a correre); *Fahrrad fahren* (andare in bicicletta); *schwimmen* (nuotare).
GESELLSCHAFT (società): *Gesellschaftsspiele* (giochi di società); *zum Essen ausgehen* (uscire a mangiare).
HAUS (casa): *Shopping*; *reparieren* (riparare); *Gartenarbeit* (giardinaggio); *basteln* (fare bricolage); *Gaming* (giocare ai videogiochi); *rätseln* (enigmistica).
GESUNDHEIT / SCHÖNHEIT (Salute / Bellezza): *Fitnessstudio* (palestra); *Sauna*.

Rund um den Satz. Modalverben, pp. 110-111
Traduzione delle frasi:
Toni vuole imparare il francese. • Lei sa suonare il pianoforte molto bene.
Al mio gatto non piace il latte.• Vorrei tanto fare le ferie in Spagna.
Non devi rubare.• Giulia non ci vede molto bene: deve portare gli occhiali.
Ok Martin, puoi andare alla festa (hai il permesso).• Qui è vietato parcheggiare.

Wieder was gelernt! Berühmte deutsche Persönlichkeiten, pp. 116-117
Albert Einstein; Johann Sebastian Bach; Wolfgang Amadeus Mozart; Johann Strauss; Immanuel Kant; Georg Wilhelm Friedrich Hegel; Sigmund Freud.

Traduzione:
La Germania è patria di molti personaggi famosi della letteratura e della filosofia.
Albert Einstein (nato in Germania, più tardi emigrato negli Stati Uniti) è molto probabilmente il fisico e scienziato più significativo del mondo: ha elaborato teorie sul tempo, sullo spazio e sulla relatività.
Moltissimi compositori sono tedeschi: il compositore barocco John Sebastian Bach, Ludwig van Beethoven, Richard Wagner, Johannes Brahms; ancora più compositori hanno origini austriache: il bambino prodigio Wolfgang Amadeus Mozart, (Franz) Joseph Haydn, Gustav Mahler, Arnold Schönberg, Franz Schubert e il re del valzer Johann Strauss.

La Germania tuttavia è conosciuta soprattutto come culla della filosofia internazionale, e a buon diritto! L'autore di *Critica della ragion pura*, opera chiave dell'Illuminismo, è Immanuel Kant; il padre della dialettica, Georg Wilhelm Friedrich Hegel; Adorno, Marx e Engels e innumerevoli altri filosofi ancora sono nati in Germania.
L'austriaco Sigmund Freud ha fondato la psicanalisi e influenzato l'intero ventesimo secolo.

Rund um den Satz. Nebensätze, pp. 120-121
Als; *dass*; *bevor*; *nachdem*; *wenn*; *damit*; *falls*; *obwohl*.

Traduzione:
Quando ero bambino, non volevo mai lavarmi i denti. Ora sono diventato grande e so che invece è molto importante. Prima di uscire di casa mi lavo i denti. Dopo aver mangiato mi lavo i denti. Quando non ho fretta, mi prendo molto tempo, così che ogni singolo dente venga davvero pulito. Nel caso in cui me ne dimentichi, ho perfino impostato una sveglia nel cellulare. Sebbene qualcuno mi prenda in giro per questa mia abitudine, non voglio proprio rinunciarci!

Jedem Körperteil sein Spruch, pp. 124-125
1k; 2f; 3n; 4g; 5h; 6i; 7m; 8d; 9c; 10l; 11o; 12b; 13j; 14a; 15e.

Wie sagt man auf Deutsch? Attenzione!, pp. 132-133
1. *Achtung/Vorsicht*, *Stufe*! (Attenzione al gradino!) Entrambe le varianti sono accettate.
2. *Vorsicht, frisch gestrichen*! (Attenzione, vernice fresca!)
3. *Man sollte im Straßenverkehr immer aufpassen.* (Nel traffico bisogna sempre essere attenti / prestare attenzione.)

Wie sagt man auf Deutsch? Regen, pp. 136-137
Traduzioni:
Regenmantel = impermeabile;
Regenschirm = ombrello;
Regenbogen = arcobaleno;
Regentropfen = goccia di pioggia;
Regenwald = foresta pluviale;
Regenwasser = acqua piovana;
Regenwetter = tempo piovoso;
Regenwurm = lombrico;
Regentag = giornata di pioggia;
Regenschauer = scroscio di pioggia.

M	R	R	M	G	X	T	B	P	I	Y	X	E	P	Q
R	R	E	E	R	A	M	Y	W	J	J	P	I	B	N
U	E	X	G	U	I	T	G	A	R	J	N	Q	T	R
W	E	G	Y	E	A	H	N	K	L	Y	T	V	R	R
N	Q	D	E	E	N	H	C	E	U	P	X	E	X	E
E	T	L	M	N	H	T	C	S	G	O	G	F	W	G
G	I	C	U	T	W	Z	R	S	N	E	J	T	T	E
E	R	S	R	M	H	E	J	O	N	E	R	K	Q	N
R	E	D	Y	L	L	O	T	W	P	E	G	K	D	M
M	C	Z	F	A	O	S	A	T	A	F	G	E	Y	A
A	Y	T	T	T	K	S	O	D	E	O	E	E	R	N
J	V	V	D	D	S	C	N	A	T	R	O	N	R	T
K	O	W	N	E	G	O	B	N	E	G	E	R	P	E
Q	A	Z	R	E	G	E	N	W	A	L	D	W	G	L
J	Z	C	A	U	T	Z	B	V	D	F	G	T	F	A

Deutschland Quiz. Die deutschen Flüsse, pp. 140-141
1. a,c (esatto, ce ne sono due: *Frankfurt Frankfurt am Main* e *Frankfurt an der Oder*!); 2. a; 3. c; 4. b; 5. d.

Rund um den Satz. Adjektivdeklination, pp. 142-143
1. neues; 2. schlechten; 3. karierten; 4. netter; 5. moderne; 6. indischen; 7. fertigen; 8. rote.

Entschuldigung. Alles im griff? pp. 144-145
1. e; 2. f; 3. a; 4. g; 5. c; 6. b; 7. d.

Deutsch? Englisch? Nein, Denglisch!, pp. 152-153
1. Non ci sono andato proprio al cinema ieri sera, **mi sono rilassato** a casa mia e basta; 2. Può eventualmente anche **sistemare** per noi **il layout** del testo?; 3. Non ho proprio **capito** quello che hai appena detto; 4. Ma non è un grosso problema. Puoi **gestire** la cosa tranquillamente, vedrai che ce la fai!

Deutschland Quiz. Geteiltes Deutschland, pp. 154-155
1. b; 2. c; 3. a; 4. b; 5. c; 6. a.

Rund um den Satz. Zweiteilige Konjunktionen, pp. 156-157
Traduzione delle frasi:
Lisa sa parlare molto bene non solo l'inglese, ma anche il francese.
Possiamo guardare un film o ascoltare la musica.
Markus ha amici sia a Monaco sia a Berlino.
Lei ha molte allergie: non può mangiare né melone, né fragole.
La casa è sì piccola, ma molto carina.
Da una parte Eva ama i concerti, dall'altra non sopporta le folle di persone.
Più fai sport, più sarai in forma per l'estate.
Più velocemente parliamo in tedesco, meno Claudia riuscirà a capire.

Wie sagt man auf deutsch? Sterben, pp. 160-161
1b; 2f; 3g; 4h; 5e; 6a; 7d; 8i; 9c.

Rund um den Satz. Adjektivdeklination, pp. 164-165
1. erfahrener; 2. helles; 3. kleine; 4. rohen; 5. großes; 6. alter; 7. bunte; 8. berühmter.

Wie sagt man auf Deutsch? Zahlen und zählen, pp. 170-171
10 – 7 = 3: zehn minus drei macht drei; 1/3: ein Drittel; 3 × 4 = 12: drei mal vier gibt zwölf; 3/4: drei Viertel; 2/100 = zwei Hundertstel; 5 + 6 = 11: fünf plus sechs gleich elf; 27 ÷ 9 = 3: siebenundzwanzig durch neun sind drei; 2/5: zwei Fünftel.

Wie sagt man auf Deutsch? Beim arzt..., pp. 178-179
Traduzione del dialogo:
Segretaria: Buongiorno, posso aiutarla?
Paziente: Buongiorno, ho un appuntamento con il dottor Lux.
Segretaria: A che ora?
Paziente: Alle 14.30.
Segretaria: È il signor Kerscher?
Paziente: Sì, esatto.
Segretaria: Si sieda pure in sala d'attesa. La chiameremo tra qualche minuto.
Paziente: Benissimo, grazie.

Parole da cercare: *Untersuchung*; *Krankenschwester*; *Wartezimmer*; *Thermometer*; *Impfung*; *Blut*; *Allergie*; *Migräne*; *schwindelig*; *Husten*; *Infarkt*; *Sonnenbrand*; *Rezept*; *Termin*; *Fraktur*; *Niesen*; *Fieber*; *Gift*; *Biss*; *schwanger*; *Klinik*; *Arzt*.

Ö	U	N	T	E	R	S	U	C	H	U	N	G	B	H	I
K	R	A	N	K	E	N	S	C	H	W	E	S	T	E	R
R	E	M	M	I	Z	E	T	R	A	W	R	I	E	A	U
W	T	R	E	T	E	M	O	M	R	E	H	T	R	G	T
A	S	H	I	M	P	F	U	N	G	H	Ö	Z	M	N	K
R	A	B	L	U	T	X	Ö	N	Y	F	T	H	I	I	A
E	I	G	R	E	L	L	A	M	I	G	R	Ä	N	E	R
B	G	X	S	C	H	W	I	N	D	E	L	I	G	S	F
E	I	T	Ü	R	H	U	S	T	E	N	L	V	C	E	Q
I	F	S	P	C	I	N	F	A	R	K	T	J	Ö	N	W
F	T	Ü	S	O	N	N	E	N	B	R	A	N	D	P	Ü

Rund um den Satz. Vorsilben, pp. 180-182
1. d; 2. e; 3. a; 4. c; 5. b.

Wieder was gelernt! Etwa Literatur, pp. 183-185
1. *Familie*; *Theater*; *Jura*; *pessimistische*; *Sturm*; *Roman*; *Frau*; *Natur*; *Held*; *Schriftsteller.*
2. *Prometheus*; *Iphigenie auf Tauris*; *Faust*; *Wilhelm Meisters Wanderjahre.*

Traduzione del brano:
Goethe nacque a Francoforte nel 1749. La sua famiglia benestante, e in particolare la madre, lo sostennero nelle sue aspirazioni giovanili: arte, teatro, lingue straniere eccetera. Studiò giurisprudenza a Lipsia e viaggiò molto. Grazie alle sue costanti pene d'amore e ai contatti con scrittori e filosofi sviluppò una visione del mondo profonda e piuttosto pessimista, che esprimeva nelle sue opere: viene infatti considerato il principale rappresentante dello *Sturm und Drang*. Morì a Weimar nel 1832.
I dolori del giovane Werther è il romanzo che lo portò alla fama. Il protagonista, Werther, si innamora di una donna già fidanzata. Anche nella società non riesce a trovare il suo posto perché proviene da una famiglia borghese. La natura rispecchia dapprima l'amore e l'entusiasmo e, in un secondo momento, la sofferenza e la delusione del giovane. Werther rappresenta quindi l'eroe romantico per eccellenza e ispirò lo scrittore italiano Ugo Foscolo per la sua opera *Le ultime lettere di Jacopo Ortis*.

Falsche Freunde, pp. 186-187

1. (*das*) *Cafè*, il bar, (*der*) *Kaffee*, il caffè da bere; 3. *das Mehrfamilienhaus*, il palazzo; 4. *der Aufsatz*, il tema scolastico; 5. anatre: *das Amt* è l'ente, *die Behörde* gli uffici pubblici; 6. è fredda! *Warm* significa «caldo»; 7. il tour dura fino a settembre: "bis" in tedesco si dice *die Zugabe*.

Sag es mal anders!, pp. 188-189

1 G L Ü C K L I C H
2 B Ö S A R T I G
3 N U T Z L O S
4 F R U C H T B A R
5 A U S G E Z E I C H N E T
6 B I T T E R B Ö S E
7 V O R B I L D L I C H
8 W O H L
9 D E P R I M I E R T
10 H I L F R E I C H
11 U N A N G E N E H M
12 S C H Ä D L I C H

Definizione: molto, molto male, disastro totale, terribile, tragico...

Unterwegs in der Schweiz, pp. 192-193

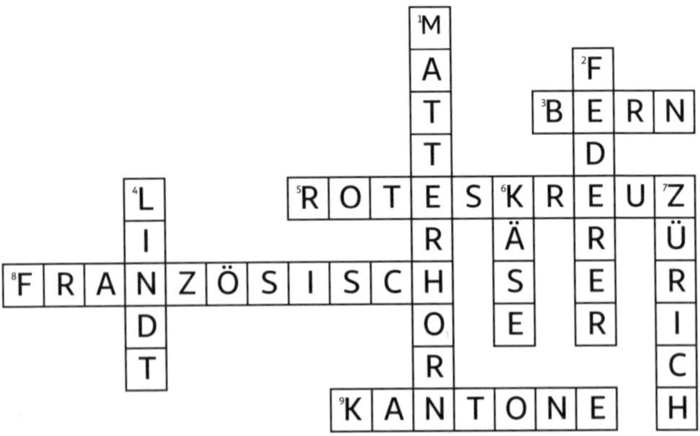

Traduzioni delle definizioni:

Orizzontali:

1. La montagna che in italiano si chiama Cervino.
2. Un tennista svizzero famoso e di successo.
4. Una delle marche di cioccolato più famose.
6. In Svizzera ce ne sono più di 450 tipi.
7. La città più cara d'Europa.

Verticali:

3. La capitale della Svizzera.
5. Un'organizzazione internazionale che si occupa della difesa della salute e della vita.
8. In Svizzera si parla tedesco, italiano e...
9. La Svizzera ne ha 26.

Wie sagt man auf Deutsch? Quiz, pp. 198-199

1. *Leidenschaft*; 2. *lecker*; 3. *Hausaufgaben*; 4. *Kühlschrank*; 5. *Bahnhof*; 6. *Schwager*; 7. *Anorak*; 8. *Gardasee*; 9. *Bücherregal*; 10. *geflogen*.

Das Leben ist eine Metapher, pp. 202-203

1. 1e; 2d; 3h; 4j; 5a; 6g; 7i; 8c; 9b; 10f.

2. *Tintenschwarz* (nero inchiostro); *himmelblau* (blu cielo); *rubinrot* (rosso rubino); *sonnengelb* (giallo sole); *schneeweiß* (bianco neve).

Umgangsprache. Die Jugendsprache, pp. 206-207

1. c; 2. a; 3. b; 4. c; 5. b; 6. a; 7. c.

Traduzione:

1. Cosa significa *Smombie*?
a. Una bomba nascosta in uno smartphone.
b. Una mamma che passa molto tempo sullo smartphone (*smartphone + mom*).
c. Qualcuno che non si accorge di ciò che gli sta intorno perché è sempre attaccato allo smartphone (*smartphone + zombie*).

2. Cosa fa uno che *merkelt*?
a. Non prende decisioni.
b. Nota sempre tutto.
c. Si ricorda sempre tutto.

3. Come si traduce "fare un pisolino mentre sta andando un film"?
a. Filmnickern (unione di "film" e "fare un pisolino").
b. Napflixen (unione di *nap* e Netflix).
c. Schläflixen (unione di "dormire" e Netflix).

4. Cosa significa *Tindergarten*?
a. Centro ricreativo per teenager.
b. Asilo per bravi bambini.
c. Raccolta di contatti per incontri online.

5. Cosa fa uno che *tackt*?
a. Hackera telefoni e smartphone (unione di “telefono” e “hackerare”).
b. Scrive messaggi mentre è in bagno (unione di “telefono” e “fare la cacca”).
c. Dà spintoni a qualcuno.

6. Per cosa sta *GEGE*?
a. *good game* (ben fatto)
b. volentieri, volentieri
c. *gotta go* (devo andare)

7. Cosa significa *lit*?
a. malato
b. limonata
c. molto cool

Wie sagt man auf Deutsch? Unterwegs, pp. 208-209

B	U	S	H	A	L	T	E	S	T	E	L	L	E
F	H	S	I	E	L	G	G	M	Q	G	B	X	D
A	N	I	Z	T	R	H	A	F	K	C	Ü	R	T
H	B	S	N	A	G	X	R	P	S	G	L	D	D
R	S	N	T	F	U	B	L	B	U	N	L	D	Q
K	G	S	L	A	A	T	A	Z	X	B	V	G	X
A	F	L	U	H	T	H	O	M	Y	K	P	N	L
R	R	O	N	L	N	I	R	B	Y	V	T	P	J
T	P	H	H	W	H	Q	O	T	A	Y	L	L	J
E	O	J	J	O	L	C	Y	N	N	H	A	B	U
F	N	K	V	K	T	Q	S	Y	X	L	N	T	J
G	Y	P	Y	P	P	U	Q	N	Z	L	R	R	Y
Z	V	D	Z	Z	M	Z	A	D	A	W	M	Q	P

Traduzione:
Anschluss = coincidenza; *Autobahn* = autostrada; *Autohof* = stazione di servizio; *Bahnhof* = stazione; *Bushaltestelle* = fermata dell’autobus; *Fahrkarte* = biglietto; *Gleis* = binario; *Hinfahrt* = viaggio di andata; *Rückfahrt* = viaggio di ritorno; *S-Bahn* = tram; *Station* = fermata (intermedia); *U-Bahn* = metropolitana; *Zug* = treno.

Achtung Fehlerteufel!, pp. 226-227
Traduzione delle frasi di esempio:
Ero curioso e perciò volevo mangiare in questo ristorante (la curiosità mi ha spinto a programmare una cena lì).
Daniela mangia sempre tanto per la noia.
Per esperienza so che Philipp è davvero imprevedibile!
Per il freddo eravamo scossi da brividi tutto il tempo.
Per l'imbarazzo Malina arrossisce ogni volta!
Laura gridò per l'entusiasmo: aveva passato l'esame!

Deutschland Quiz. Deutsche Filme, pp. 230-231
1. b; 2. a; 3. b; 4. c; 5. a.

Wie sagt man auf Deutsch? Schule, pp. 234-235

R	O	P	X	O	I	G	Y	M	N	A	S	I	U	M	X	G	I	C	L	W	M	S
Z	R	X	Q	J	K	K	N	N	F	S	F	Ä	H	I	G	K	E	I	T	C	F	G
E	Q	H	R	T	K	U	A	W	Z	I	F	O	R	T	B	I	L	D	U	N	G	G
L	K	G	U	K	P	F	Q	X	X	V	Z	P	R	Ü	F	U	N	G	R	M	P	S
G	A	G	T	E	K	U	X	J	R	B	M	C	B	Z	H	H	H	B	G	S	K	J
U	R	B	Q	N	C	O	C	J	J	O	R	B	T	K	D	S	Z	S	G	Q	U	B
C	R	U	W	N	Q	U	A	L	I	F	I	Z	I	E	R	T	I	K	P	H	P	M
I	I	E	K	T	S	S	J	H	X	X	I	P	X	V	M	K	D	G	G	U	C	T
H	E	S	U	N	T	O	V	L	P	W	O	V	P	H	W	Q	F	D	T	N	I	Z
U	R	D	R	I	X	O	G	P	E	A	K	Y	K	A	P	V	W	F	I	T	A	C
S	E	I	S	S	T	T	S	R	K	H	U	L	G	U	N	H	X	R	K	E	X	Y
S	G	K	S	G	F	Q	T	Q	J	L	Y	F	D	S	N	I	F	K	C	R	P	N
D	R	L	R	A	A	R	I	Y	Y	F	E	Z	U	A	B	L	R	I	S	R	P	G
J	S	Y	I	B	Y	E	P	N	A	A	H	T	G	U	S	O	J	N	Y	I	I	Q
L	T	K	C	I	T	X	E	V	Y	C	I	E	Y	F	M	G	H	D	J	C	S	B
D	U	O	J	T	U	N	N	V	O	H	S	O	A	G	O	N	J	E	N	H	O	J
N	D	E	T	U	B	G	D	B	F	H	E	E	T	A	M	X	R	R	V	T	B	J
R	I	Q	P	R	M	C	I	S	U	R	T	A	G	B	T	O	V	G	Q	K	C	B
G	U	L	K	V	K	N	U	H	I	U	U	A	T	E	H	S	E	A	T	T	Y	F
Y	M	W	W	W	S	R	M	M	L	I	M	Q	W	B	A	A	X	R	B	K	F	O
P	K	M	K	P	T	F	F	W	E	D	O	C	N	G	E	D	L	T	X	T	X	C
S	I	G	E	E	I	G	N	E	T	X	J	Z	G	E	F	T	V	E	G	Y	B	I
Q	M	U	G	R	Y	K	S	R	O	B	Q	E	X	M	Q	B	K	N	Q	Z	O	H

Parole da cercare: *Gymnasium*; *Fähigkeit*; *Fortbildung*; *Prüfung*; *Karriere*; *Kurs*; *Kenntnis*; *qualifiziert*; *Studium*; *Abitur*; *Stipendium*; *Wahlfach*; *Hausaufgabe*; *Kindergarten*; *Unterricht*; *geeignet*.

Rund um den Satz. Nomen-Verb-Verbindungen, pp. 236-237
1. h; 2. l; 3. o; 4. i; 5. b; 6. m; 7. j; 8. k; 9. f; 10. c; 11. e; 12. a; 13. n; 14. d; 15. g.